나를 위해

거절합니다

NO를 말하고 내 마음 지키는 힘

나를 위해
거절합니다

송유선 옮김
스즈키 유스케

예문아카이브

진찰실에만 있어서는
해결할 수 없는 '삶의 괴로움'

저는 도쿄에서 내과 클리닉을 운영하는 의사입니다.

10년 전쯤 가까운 사람의 자살을 계기로 의료직 정신건강지원활동을 시작하여 이후 다양한 '삶의 아픔'을 안고 있는 사람들의 이야기를 들어왔습니다.

대부분은 병환에 의해 본래 가진 '살아갈 힘'을 일시적으로 잃은 경우였지만 그것과는 성질이 다른, 영원히 계속될 것만 같은 심각한 '삶의 아픔'을 꺼안은 경우도 적지 않았습니다.

그들이 가진 고뇌는 제가 의사로서 진찰실 안에서만 관여해서는 해결할 수 없었습니다.

때때로 친구나 후배와 같은 지인이 구원 신호를 보내오면, 의사가 아닌 한 사람의 개인으로서 그 신호에 응해주면서 그들의 정신건강에 도움을 주곤 했습니다. 그 후 의사로서 진찰실 안에서 좀처럼 겪을 수 없는 복잡하고 무거운 상황에 부닥친 사람이나, 잊을 수 없는 상실을 한 사람이나, 기적과 같은 변화를 한 사람 등 다양한 경험을 한 이들을 만나게 되었고, 어느새 그러한 사람들과 마주하는 일이 저의 천직이 되었습니다.

그리고 그들이 안고 있는 근원적인 고통의 생생한 현실, 또 거기에서 인생을 회복시켜 가는 뚜렷한 변화의 모습을 보며 느낀 점을 SNS에 올리거나 문장으로 엮었습니다.
그중 특히 반응이 컸던 것은 '자기긍정감'에 대한 트위터와 칼럼이었습니다.
평소 아무렇지 않게 지내는 듯이 보여도 마음속에 절박한 고통을 안은 채, 그것을 감추며 아슬아슬하게 살아가는 사람이 상당수 있음을 강하게 느꼈습니다.

이전에 한 여성 환자가 다음과 같은 말을 했습니다.

"선생님, 저는 제가 살아야 할 의미를 모르겠어요."
"제가 이 세상에 과연 살아도 되는지 도무지 잘 모르겠어요."

그녀는 보편적으로 보았을 때 '풍족한 가정'에 태어나 이른바 '일류대학'을 졸업한, 누구나 부러워할 법한 화려한 경력의 소유자였습니다.

총명하고 지적이며 일에서도 예사롭지 않은 노력파로, 직장과 거래처에서도 호평을 받는 사람이었습니다.

그러나 그런 다른 사람의 평가만으로는 상상할 수 없을 정도로 자기긍정감이 없었습니다.

"스스로 자신감을 가지려 노력했어요. 그 덕분에 진학하고 싶었던 대학, 취업하고 싶었던 회사에 갈 수 있었습니다. 하지만 마음을 놓은 것도 아주 잠시뿐이었어요. 지금도 뒤처지지 않기 위해 필사적으로 따라붙고 있어요."

"미래에 대한 행복이 전혀 그려지지 않아요."

울면서 쥐어짜 내듯 자신의 마음을 전한 그녀는 '존재 단계에서의 고통'을 끌어안고 있었습니다.

그녀는 '자신의 이야기'를 살지 못하고 있었습니다. 본인이 아닌 누군가를 위한 인생, 누군가를 위한 감정을 억지로 살아가는 듯했습니다. 보이지 않는 앞날의 고통에 허덕이고 있었습니다.

그녀와 같이 자신을 긍정하지 못하고 괴로워하는 청년들을 만날 때마다 저는 이 시대에 행복해진다는 일이 얼마나 어려운지에 대해, 또 자신의 이야기를 살아가야 하는 필요성에 대해 절실히 깨달았습니다.

●

사회가 풍족해지면 사람은 '살아가는 의미'를 잃는다

이 지구에 탄생한 이래, 인간은 항상 생존의 위기와 함께였습니다.
전쟁, 기아, 질병, 차별 등 생명을 완수할 수 없는 위험에 처한 환경에서는 동물적인 생존 본능이 발휘되기 쉽고, 살아가는 것 자체가 목적이 되었습니다.

그러나 사회가 풍족해지고 생명의 위험이 없는 상황이 당연해지면 '살아가는 것' 그 자체의 의미를 찾기가 어려워집니다.

영국의 철학자 버트런드 러셀은 "사람들의 노력으로 사회가 더욱 좋아지고 보다 풍족해지면, 사람은 할 일이 없어져 불행해진다"고 주장했습니다. 사회가 풍족하다는 것은 사람이 인생을 걸고 메워야 하는 커다란 '구멍'이 없는 상태입니다. 예를 들면 '국가'나 '사회'를 보다 좋게 만드는 일에 자신의 인생을 바치려는 '대의'를 찾기 어려워진 것입니다.

그렇게 되면 살아갈 동기는 스스로 찾는 수밖에 없습니다.

이때 필요한 것이 '자신의 이야기화'입니다.

자신의 이야기화란, 지금까지의 인생에서 오래도록 일어나고 있는 일에 대해 자신만의 해석을 붙여가는 것을 말합니다.

소중한 사람과 사별한 후 슬픔에 견딜 수 없는 상태가 되었다 하더라도 '이 상실의 경험을 통해 얻은 것으로 다른 사람을 돕자'라고 생각할 수 있다면 사람은 다시 앞으로 나아갈 수 있습니다.

나에게 일어난 일에 납득 가능한 의의를 부여하면, 좌절에서 긍정으로 다시 일어서거나 성공 체험을 자신감으로 바꿀 수 있는 것입니다.

또 그렇게 '자신을 편집하는 작업' 속에서 이야기성을 발견한다면 지금 자신에게 당면한 삶의 의미를 얻을 수 있고, 살아가기도 수월해집니다.

자신의 이야기에 납득하는 것은 자기를 긍정하는 것과 거의 같습니다.

있는 그대로의 자신의 인생을 '이걸로 충분해'라고 긍정하지 못한다면 자신이 아닌 다른 누군가의 가치관과 규칙을 중심으로 살아갈 수밖에 없습니다.

자신의 이야기를 만드는 일은 자기긍정감의 문제 중핵에 있다고 생각합니다.

"사람은 자신의 이야기에 매달려 살아간다."

임상심리학자인 다카카키 주이치로 선생님의 말씀입니다. 매달릴 이야기가 없으면 사람은 살아갈 수 없습니다. 그것이 불행의 이야기라 할지라도 그 사람이 살아가기 위해서는 필요합니다.

삶의 고통을 안은 사람들이 늘어나는 배경에는 지금까지 믿어온 '행복으로 이어지는 이야기'가 서서히 누구에게도 들어맞지 않는다는 점을 들 수 있습니다.

예전에는 '언젠가는 크라운'(옮긴이 주─일본 자동차 회사 도요타의 자동차 CM 속 캐치프레이즈), '교외에 내 집을 사서 대형견을 기를 거야'와 같은 행복의 모델이 될 법한 명확한 성공 스토리가 있었으며 그 이야기에 편승하면 누구나 행복해지리라 믿었습니다.

하지만 행복은 그리 단순하지 않았습니다.

미국의 경제학자 로버트 할리스 프랭크는 "소득이나 사회적

지위, 집과 차 등 타인과의 비교우위에 의해 성립되는 가치에 따라 얻어지는 행복감의 지속 시간은 매우 짧다"라는 점을 밝혔습니다.

즉, 일찍이 성공 스토리의 선두에 있는 '성공'은 우리에게 영구적인 행복을 부여하지 않는다는 것입니다.

이러한 시대 배경 속에서 행복하게 살려면 우리는 어떻게 해야 할까요?

지금 저는 '행복한 상태'를 '스스로 자아낸 자신의 이야기에 의심이나 기만을 하지 않고, 진심으로 납득하여 그 이야기에 전념하는 것'이라고 잠정적으로 정의 내리려 합니다.

죽을 때까지 매달릴 수 있는 자신의 이야기를 살아가는 게 가능하다면 그것은 매우 행운입니다.

●

'잘 나가는 타인의 삶'이 눈에 들어오는 사회

그러나 현대 사회에서 자신의 이야기를 살아가는 것은 꽤 난감한 일입니다. 인간이 취득할 수 있는 정보량은 늘고 지성은 점점 향상됨에 따라 자신을 속이는 일이 어려워졌기 때문입니다.

타인의 행복해 보이는 '이야기'가 SNS 등으로 흘러들어오고, 모두가 자신의 '이야기'를 의심할 기회가 늘어났습니다. 우연히 눈에 띈 정보나 누군가의 짤막한 한마디를 계기로 이제까지 전념해 온 이야기에 온전히 빠지지 못한 경우도 있습니다. '자기 자신 찾기'가 이 정도로 필요해진 것은 자기 고유의 이야기를 찾는 일이 극히 어렵다는 증거일지도 모릅니다.

이런 환경에서 다른 사람의 부정이나 자기비판에 견뎌낼 이야기를 구축하려면 어떻게 해야 할까요?
그것은 개개인이 인생을 살아가면서 몰두해야 할 난제입니다. 그리 간단한 이야기가 아닙니다.

단, 적어도 '인생은 레이스. 계속해서 이겨 나가는 이야기'라는 가정은 평생 매달리기에 꽤 부족해 보입니다. 왜냐하면 사람은 경쟁에 계속해서 이길 수 없으며, 살다 보면 반드시 약자가 되는 순간도 있기 때문입니다.

힘이 세다, 머리가 좋다, 돈이 많다, 대기업 직원이다, 명예가 있다, 용모가 아름답다…….
이는 모두 경쟁 세계 속에서 명확히 가치가 있다고 여겨지는 것들입니다. 현대 사회에서는 이들을 지향하는 것이 옳다고 여겨지며, 만일 이루어냈다면 많은 사람으로부터 칭찬을 받습니다. 하지만 이것들을 손에 넣는 일이 자신의 이야기 중심에 자리를 잡으면, 잃어버렸을 때 기댈 수 있는 게 없어집니다.

자신의 이야기를 만들기 위해서는 경쟁적인 가치관으로부터 적당히 거리를 두어야 합니다. 세상의 가치관(평가 기준)을 반드시 충족하지 않더라도 '나는 이렇게 살고 있습니다'라고 자신의 언어로 말할 수 있다면, 적어도 불행한 인생은 아닐 것입니다.

●

자신만의 '기쁨'에 잠기다

책의 서두에 소개한 사람처럼 누구에게나 상냥하고 품행이 바른 '좋은 사람'이고 싶어 하는 사람은 적지 않습니다.
그런 사람들은 어린 시절 자신의 본래 감정을 솔직히 표현하거나 그 감정이 그대로 수용된 경험이 적다는 공통점이 있습니다.
그들은 자신의 마음보다 자신을 평가하는 '누군가'(대부분의 경우 부모)의 감정을 우선하는 버릇이 있습니다. 또 그 누군가의 감정을 앞질러 생각하여 그 사람이 최고의 반응을 보일 법한 감정만을 골라 자신이 느낀 진짜 감정은 마음속 깊은 곳에 봉인해 둡니다.

모두에게 칭찬받는 '좋은 아이'를 연기하면 일시적으로는 받아들여질 수 있습니다. 하지만 그것은 자신의 진정한 속마음이 받아들여진 게 아닙니다. 따라서 바로 다시 '누군가에게 칭찬받을 무언가'를 하지 않으면 불안해집니다.
이처럼 타인의 감정을 우선하여 살아가는 방식에서 벗어나기 위한 방법 중 하나는 누구도 배려하지 않고 자신만의 기쁨을 찾아 추구하는 것입니다.

저의 지인은 줄곧 '좋은 아이'를 연기하여 주위로부터 신뢰를 지나치게 받은 나머지, 귀찮은 일을 전부 떠맡게 되어 곤란한 상황에 빠진 적이 있습니다. 가족 몰래 상담을 다닐 정도로 막막한 상태였지요. 그런 상황을 탈출하게 된 계기가 '스플래툰'이라는 게임에 빠진 일이었습니다.

살기 싫다는 마음을 갖고 살아가던 다른 지인도 있습니다. 그는 마음에 드는 밴드를 발견했고, 콘서트에 가서 자신도 모르게 눈물을 흘릴 정도로 치유를 받았다고 합니다.

그들이 괴로움의 끝에서 발견한 '기쁨'은 다른 누군가가 아닌 자신만을 향한 감정이었습니다.

그 감정에 빠지는 것은 평소 다른 이의 감정을 우선한 사람에게는 매우 귀중하면서 얻기 힘든 경험입니다. 또 이는 자기의 존재를 긍정하게 된 근원적인 치유로 연결되었습니다.

●

'거짓 없는 이야기'가 인생을 지탱한다

자신의 이야기를 편집하는 데 있어 가장 경계해야 하는 현상이 있습니다. 바로 '그래서 나는 안 돼', 즉 DWD병(옮긴이 주−Dakara Watashiwa Damenanda, '그래서 나는 안 돼'라는 뜻의 일본어로 DWD는 머리글자를 딴 것)입니다.

앞에서 이야기한 바와 같이 자신의 이야기는 지금까지의 인생에서 일어난 일과 그 해석으로 엮입니다. 인생에 아무리 멋진 일이 있어도 그 해석이 부정적이면 가치는 없어집니다. 자신의 이야기를 망치는 악마는 사실 '해석'에 숨어 있습니다.

책의 서두에서 이야기한 그녀는 이렇게 말했습니다.

"열심히 노력해서 꿈꾸던 대학에 들어갔습니다. 그러면 제가 바뀔 것 같았거든요. 하지만 아니었어요. 대학에는 정말 우수한 사람들만 있더군요. 제 본래의 못난 모습이 들킬까 봐 필사적으로 연기했어요."

달성한 목표의 난이도가 얼마나 높았든지 간에 어김없이 '그래서 나는 안 돼'라는 결론의 해석으로 이르는 것이 DWD병입니다.

가령, 합격한 대학이 하버드나 스탠포드였다 하더라도 DWD병에 걸린 이상 '나는 안 돼'라는 결론은 변하지 않겠지요.

자신의 이야기를 만드는 데에 가장 중요한 점은 자신의 감정에 솔직해지는 것입니다. 분노, 질투, 슬픔 등 누군가에게 이야기하기 꺼려지는 부정적인 감정도 있지만 느껴서는 안 될 감정은 없습니다.

느낀 그대로의 감정만이 자신에게 일어난 일에 납득할 수 있는 해석을 가져다줍니다.

그 해석은 꼭 아름답지만은 않습니다. 오히려 '미쳤다'던가 '비뚤어졌다'라는 말을 들을 법한 것들일지도 모릅니다.

하지만 자신의 고유 형태로, 스스로 납득하고 수용할 수 있다면 그것은 누구와도 비교할 수 없는 '굳건한 이야기'가 됩니다.

왜냐하면 자신의 이야기를 엮는 일이 가능한 것은 자신의 감정뿐이기 때문입니다. 타인의 가치 기준이나 다른 누군가를 위한 감정에 근거한 이야기는 살아가는 힘을 부여하지 않습니다.

저는 명확한 답이 없는 지금 시대에서 사람의 마음을 움직이는 것은 '약한 자의 이야기'라고 생각합니다.

현재 다양한 작품에서 '약한 자'가 지지받고 있으며, 거기에 등장하는 캐릭터는 어딘가 약하고 볼품없고 사람냄새가 납니다. 그 거짓 없는 리얼리티야말로 사랑스러움의 원천이며, 완벽하지 않은 우리에게 '그래도 살아 있어 좋다'고 안심하게 해줍니다.

비뚤어진 것은 그 사람의 참모습이며 본질적인 매력 그 자체입니다.

자신의 나약함, 비뚤어짐, 미숙하고 볼품없는 모습을 인정하고 그것을 받아들인 '거짓 없는 이야기'는 있는 그대로의 자신을 '그래도 괜찮아'라고 긍정하며 오랜 세월 인생을 뒷받침해 줄 '유연한 강직함'을 가져올 것입니다.

이 책에서는 여러분에게 '타인의 가치관과 규칙', '타인의 감정', '타인에게 빼앗긴 시간'에서 벗어나 '자신의 가치관과 규칙', '자신의 감정', '자신의 시간'을 발견하고 되찾기 위한 방법을 알려주고자 합니다.

여러분이 진정으로 자신답게 살고 자신의 이야기를 엮어 나가기를 저는 마음 깊은 곳에서부터 진심으로 바랍니다.

-스즈키 유스케-

목차

머리말 진찰실에서만 있어서는 해결할 수 없는 삶의 괴로움 • 4

Contents 1 —— 인간관계의 기본

01 지금이야말로 NO를 말하고 자신의 인생을 되찾을 때다 • 22

02 세상은 '자신이 책임지고 지켜야 할 영역'과

　'타인이 책임지고 지켜야 할 영역' 두 가지로 나뉜다 • 28

03 우선, 타인이 선을 넘어오는 것에 민감해진다 • 38

04 자꾸 선을 넘어오는 상대는 'NO'의 선반에 분류해두자 • 46

05 때로는 다른 사람을 싫어하고 험담해도 좋다 • 54

06 사과는 관계를 개선하기 위해서만 한다 • 62

07 마음이 약해졌을 때는 나를 판단하는 사람에게서 멀어진다 • 68

Contents 2 —— 직장의 인간관계

08 직장의 꺼림칙한 관계나 환경, 규칙을 제대로 되돌아보자 • 80

09 직장은 불공평한 거래투성이다 • 86

10 불공평한 거래가 '중년의 위기'를 초래한다 • 92

11 '참는 기술'로 돈을 벌어도 부질없을 뿐이다 • 102

12 죄책감은 제멋대로인 감정이며 그다지 도움이 되지 않는다 • 110

13 인생은 정도껏 대충 살아도 괜찮다 • 120

Contents 3 ——— 시간과 에너지의 재분배

14 나의 규칙으로 살아가기 위해 시간과 에너지를 재분배한다 • 130

15 '그래서 나는 안 돼' 병을 치료하고 자신의 이야기를 걷는다 • 136

16 경쟁의 세계에서 적절한 거리를 둔다 • 146

17 '하고 싶은 일이 있다는 건 좋은 것이다'라는 생각을 버린다 • 156

18 부탁받은 일은 일단 가지고 돌아온다 • 166

Contents 4 ——— NO를 말하는 용기와 자기긍정감

19 자기긍정감이란 '별 것 없어도 나는 나라서 좋다'라는 감각이다 • 176

20 사고를 외재화하여 자기긍정감을 잃지 않으며 자신을 알다 • 184

21 정의감은 타인과의 화합 가능성을 없앤다 • 192

Contents 5 ——— 행복을 높이는 법

22 진심으로 신뢰할 수 있는 첫 번째 어른을 찾는다 • 202

23 편하지 않고 즐겁지 않은 것은 버려도 좋다 • 212

24 '연령', '성별'과 같은 틀에 현혹되지 않는다 • 222

25 우울할 때는 중요한 의사 결정을 하지 않는다 • 228

26 자신을 되찾을 수 있는 휴식 방법을 알다 • 234

27 자신을 구해줄 콘텐츠를 찾는다 • 242

인간관계의 기본

01 지금이야말로 NO를 말하고
자신의 인생을 되찾을 때다

시대 [period]
우리는 살아가는 의미를 찾기 어려워졌다

―――――――

"나를 위해 거절합니다."

타이틀에 끌려 이 책을 손에 든 당신은, 아마 싫은 일 혹은 거부하고 싶은 일이 있어도 좀처럼 거절하지 못하거나 '나는 항상 사람들에게 휘둘려', '나답게 살지 못하고 있어', '나만 손해보는 것 같아'라고 생각하며 살고 있지는 않은가.

머리말에도 썼듯이 우리가 사는 이 사회는 평화롭고 물질적으로는 풍부하지만 자기긍정감을 얻거나 살아갈 의미를 찾기는 어렵다.
그것은 대부분의 사람이 타인이나 사회가 정한 규칙을 거부하지 않고 받아들여 자신의 규칙보다 우선시하기 때문이다.

우리는 사회로부터 매일 엄청난 수의 메시지를 받는다. 예를 들면 이런 것이다.

"좋은 학교를 졸업하고 좋은 회사에 들어가 출세하여 부족함

없는 생활을 하는 것이 이긴 인생이다."

"사람은 결혼해서 아이를 키워야 처음으로 한 사람의 몫을 한다."

"사회인은 무엇보다도 일을 우선해야 한다."

"이런 행동은 칭찬받아 마땅하고 이런 행동은 꼴불견이다."

이런 메시지를 통해 우리는 누군가가 정한 가치관과 규칙, 살아가는 방식을 일방적으로 강요받는다. 그래서 때로는 나다운 일, 나답게 살아가는 일을 부정당하며 참고 살게 된다.

몸과 마음은 비명을 지르고 있는데, '부모님 말씀이니까', '사랑하는 사람이 하는 말이니까', '상식이니까', '회사 결정이니까'라며 NO를 말하지 못한 채 그저 받아들이는 일이 몹시 많다.

아니, '나는 NO라고 말하지 못한다', '나답게 살지 못한다'라고 인식하는 사람은 그나마 나은 편이다. 실제로는 타인의 규칙과 가치관에 적응한 나머지 스스로 무리하고 있다는 것, NO를 말하지 못하는 것조차 깨닫지 못하는 사람도 많다.

그들의 대부분은 젊은 시절이나 '이긴 인생' 속에 있었을 때는 본인의 인생에 의문을 품지 않았다. 그러나 어느 정도 연령이 더해지고 문득 인생을 되돌아봤을 때, 또 자신이 이제껏 믿어왔던 가치관이 무너지는 듯한 일과 조우했을 때 '지금까지 나는 뭘 해온 걸까', '내 인생은 뭐였나'라며 정체성이 붕괴할 정도로 충격을 받아 허무함에 뒤덮이고 마는 것이다.

그렇다면 당신이 '타인과 사회가 정한 가치관과 규칙'에서 벗어나 '나의 가치관과 규칙'에 근거한 '나다운 인생', '나만의 이야기'를 되찾으려면 어떻게 해야 할까?

그러기 위해 필요한 것은 우선 인간관계를 재검토하는 일이다. 인생에 있어 가장 중요하고 또 가장 성가신 일이 바로 인간관계이다. 사회에서 살아가는 이상 사람은 반드시 타인과 관계를 맺어야 하며 거기에는 다양한 관계성이 탄생한다.

기쁨도 슬픔도, 즐거운 일도 괴로운 일도 그 대부분은 사람과 사람의 관계에 따라서 생긴다. 당신을 성장시키고 당신에게 안정을 주는 관계성이 있는가 하면 당신의 자유를 빼앗아 당신에게 고통만을 강요하는 관계성도 있을 것이다.
사회로부터 받는 메시지도 부모나 학교, 친구, 상사 등 인간관계에 의해 전해지는 것이 많다.

타인의 규칙에 얽매이지 않고 살아가기 위해서는 그 인간관계가 본인에게 '바람직한지 아닌지'를 확실히 구별할 필요가 있다.

바람직한 인간관계는 공평하고 평온하다.
가치관과 사고방식을 일방적으로 강요당하지 않고 실수나 결점을 과도하게 비난받지도 않는다. 한쪽만이 손해를 보는 불공평한 거래를 요구당하지도 않는다.

그러한 인간관계의 비중이 높으면 '나는 나라서 좋다', '결점투성이일지라도, 실패뿐이라도, 대업을 완수하지 못할지라도 나와 내 인생에는 가치가 있다'라고 느끼게 되며 마음이 안정된다.

또, 자신의 감각에 민감해지고 자신의 규칙을 우선하게 된다. 본인에게 '좋은 것'을 받아들이고 '좋지 않은 것'에 NO를 말할 수 있는 용기와 자신감이 생겼기 때문에 스스로 원하여 고른 것들에 둘러싸여 진정한 의미의 행복한 인생을 걸을 수 있게 되는 것이다.

반대로 바람직하지 않은 인간관계는 타인의 규칙으로 당신을

옭아매어 당신의 가치를 마음대로 판단하며, 당신의 시간과
에너지를 그저 빼앗기만 할 뿐이다.

그러한 인간관계의 비중이 높으면 당신의 마음, 일상생활, 인
생은 '타인에게 강요받은 것'으로 가득해진다. 따라서 항상 '나
는 나답게 살지 못하고 있다'라는 마음이 따라다녀 일상생활
에 기쁨을 느낄 수 없다.
인생을 살다 보면 '나는 뭘 해도 안 돼', '내 인생은 뭘까'와 같
은 절망과 허무함에 뒤덮이는 일이 생기기도 한다.

인간관계의 형태나 규칙을 다시 돌아봄으로써 당신의 인생은
크게 변화한다.
이번 〈인간관계의 기본〉 편에서는 어떻게 하면 당신이 바람직
한 인간관계의 비중을 늘려갈 수 있는지에 대해 구체적으로
생각해보고자 한다.

02 세상은 '자신이 책임지고 지켜야 할 영역'과 '타인이 책임지고 지켜야 할 영역' 두 가지로 나뉜다

경계선 [borderline]
'나와 타인 사이의 경계선'이 애매하면 살기 힘들다

인간관계의 형태와 규칙을 되돌아보고 바람직한 인간관계를 늘리기 위해 무엇보다도 먼저 유념해야 할 것이 있다.
바로 '자신과 타인 사이의 경계선을 제대로 의식하고 지키는' 일이다.

세상은 '자신이 책임지고 지켜야 할 영역'과 '타인이 책임지고 지켜야 할 영역' 두 가지로 크게 구분할 수 있다.

당신의 마음(사고)과 신체, 생활, 인생 등은 당신이 책임을 지고 지켜야 한다. 물론 사람은 혼자서 살아갈 수 없으니 타인의 영향을 받거나 타인의 힘을 빌릴 수는 있다. 하지만 필요 이상으로 타인이 간섭해오도록 두거나 책임과 통제권을 타인에게 통째로 맡겨서는 안 된다.

한편, 가족과 친구처럼 어느 정도 친한 사이라 하더라도 타인의 마음과 신체, 생활, 인생 등은 그 사람이 책임지고 지켜야 한다.

당신이 필요 이상으로 간섭하고 그들의 책임과 통제권을 떠맡거나 뺏어서는 안 된다.

그러나 실제로는 내 영역을 타인이 침해하거나, 내가 타인의 영역을 침해하는 일은 빈번히 일어난다.

당신은 다음과 같은 일을 하거나 당한 적은 없는지 다시 한번 생각해보자.

- "이런 건 상식이야", "사회인으로서 ~하는 건 당연하지", "그만큼 나이를 먹고 ~하다니 꼴사납다", "남자 주제에(여자 주제에) ~하다니 부끄러운 줄 알아"와 같은 말을 한다.
- "내가 하는 말 들어" 혹은 "내가 ~하는 건 네 탓이야"와 같은 말과 태도로 상대를 위협하고 책망한다. 또 무리한 요구를 하거나 한쪽만 이익을 취하는 거래를 제안한다.
- "못쓰겠네", "재능이 없어", "인간성에 문제가 있다"와 같은 말로 상대를 일방적으로 판단한다.

혹시 짚이는 것이 있다면 주의해야 한다. 위와 같은 행동은 타인의 영역을 흙 묻은 발로 침범하여 자신의 규칙과 가치관, 요구를 강요하며 상대를 제어하려 하는 행위이기 때문이다.

혹은 여러분 중 가족과 친구, 동료 등 본인 이외의 사람이 문제를 일으켰을 때 자기 일처럼 책임을 느끼거나, 부탁받으면 거절하지 못하고 자기 일을 뒷전으로 두면서까지 타인의 일을 돕거나, 모두가 하기 싫어하는 마을 반상회 임원 등을 맡은 사람은 없는가.

언뜻 보기에 상냥함과 강한 책임감으로 보일지도 모른다. 하지만 이것들도 자신의 영역을 제대로 지키지 못하고 타인의 영역의 책임까지 짊어진 일이 되므로 주의가 필요하다.

이렇게 서로의 영역 침해가 일어나는 것은 '자신과 타인 사이의 경계선'이 애매하거나 바르게 기능하지 못하기 때문이다.

눈에는 보이지 않지만, 사람의 마음속에는 본래 자신의 영역과 타인의 영역 사이를 가로막는 경계선이 존재한다.

이 경계선은 벽과 같이 우뚝 솟아 있으며 타인을 거절하는 것이 아니다. 유연성과 탄력성을 지녔으며 몸의 면역 기능처럼 알맞게 아래와 같은 역할을 한다.

- 내부(자신)가 '좋지 않은 것', '불쾌한 것'에 침식되지 않도록 막는다.
- '좋다', '유쾌하다'라고 느낀 것을 외부(타인이나 사회)로부터 내부(자신)로 받아들이고, 내부에 있는 '좋지 않은 것', '불쾌한 것'을 외부로 몰아낸다.

경계선은 외부로부터 들어온 수많은 정보 중에서 당신의 자기긍정감을 해칠 법한 말, 당신에 대한 제멋대로의 판단, 당신이 자신답게 살아가는 것을 방해하는 규칙, 당신에 대한 일방적이며 불공평한 요구 등을 제대로 선별해내어, 당신의 내부가 그것들에 의해 침식되지 않도록 지켜준다.

따라서 경계선이 바르게 기능하는 사람, 타인에 의해 경계선을 침해당했을(나는 그것을 '라인 오버'라 부른다) 때 제대로 대처할 수 있는 사람은 마음과 생활, 인생이 자연스레 그 사람에게 있어 '좋은 것', '유쾌한 것'을 중심으로 구성된다.

그러나 세상에는 경계선이 애매한 사람, 경계선을 잘 긋지 못하는 사람, 경계선이 바르게 기능하지 않는 사람, 선의 침범을 알아채지 못하는 사람, 선을 침범당해도 거부하지 못하는 사람이 적지 않다.

특히 부모로부터 과도한 간섭이나 가정 폭력, 방치 등을 당했던 사람은 그러한 경향이 강하다.

자신의 의견이 전혀 통하지 않고 부모의 요구만을 일방적으로 강요당하며, 선을 계속해서 침해당하는 환경에서 살다 보면 지켜야 할 본인의 경계선을 알 수 없게 된다.
어렸을 때부터 부모와 주위 사람의 치다꺼리를 떠맡을 수밖에 없는 환경에서 자란 경우도 곤경에 처한 누군가를 내버려 두지 못하고 상대의 책임 영역까지 짊어지기 쉽다.

물론 가정환경과는 상관없이 단순히 'NO'라고 말하지 못하는 성격, 한없이 좋은 성격, 타인에게 미움받기를 두려워하는 성격 탓에 다른 사람이 선을 넘어오는 것을 허락하는 사람도 있다.
그런 사람의 경우 아래와 같은 일이 일어나기 쉽다.

- 타인(사회)이 정한 "~는 상식", "~는 당연", "~해야 한다"와 같은 규칙을 반드시 지켜야 한다고 생각한다.
- 타인(사회)으로부터 부정적인 평가를 받으면 스스로 '나는 쓸모없는 인간이다'라고 생각한다.
- 타인(사회)으로부터 터무니없는 요구나 불공평한 거래를 제안받았을 때 대항할 수 없어 그냥 받아들인다.

또 마음이나 생활, 인생이 그 사람에게 있어 '좋지 않은 것', '불쾌한 것'을 중심으로 구성되기 쉽다.

한편, 다른 사람이 선을 넘어오기 쉬운 사람은 반대로 다른 사람의 선을 넘기 쉬운 사람이기도 하다.
경계선이 애매하거나 경계선을 제대로 의식하지 못한 상태에서 누군가에게 선을 침해당한 분노와 짜증을 무의식적으로 다른 누군가의 경계선을 침해함으로써 해소하려는 것이다.

더욱이 경계선이 애매하거나 바르게 기능하지 않으면 자신을 책망(자책)하는 경향이나 타인을 책망(타책)하는 경향이 강해지기 쉽다.
자책 경향이 강한 사람은 본래 짊어지지 않아도 될 타인의 책임까지 등에 지고 무엇이든 본인의 잘못이라고 생각한다.
예를 들어 진로나 직업, 결혼, 출산 등에서 부모의 기대에 부응하지 못했을 때 사실은 마음대로 기대한 부모에게 문제가 있는데, '부모의 기대에 부응하지 못한 내가 부족한 탓'이라며 자신을 나무란다.

또 몸과 마음이 부서지도록 노력했지만, 상사가 지시한 할당량의 작업을 달성하지 못했을 때, 사실은 격무에 가까운 할당량을 부여한 상사(혹은 경영자)의 방식에 문제가 있음에도 '달성하지 못한 건 내 능력 부족 탓'이라며 자책하고 만다.

자책 경향이 강한 사람은 타인의 아무렇지 않은 한마디에도 '나를 나무라고 있다'라고 느끼기 쉽다. 이 상태에서는 아무리 해도 자기 평가가 내려가기 쉬우며 자기긍정감도 갖기 어렵다. 거기다 자신의 책임 영역을 넘어선 부분까지 혼자 짊어진 결과 심신을 망가뜨리고 결국 과열되어 모든 일을 내팽개치는 일도 적지 않다.

반대로 타책 경향이 강한 사람은 본래 자신이 짊어져야 할 책임까지 타인의 탓으로 돌린다. 명백하게 자신의 노력 부족으로 맡은 일을 달성하지 못했는데도 불구하고 '애초에 나에게 이런 일을 시킨 상사 잘못'이라고 생각한다. 또 자신의 언동 때문에 주위 사람들이 멀리하고 거리를 두고 있는데 '나는 아무 잘못도 하지 않았는데 일방적으로 나를 싫어하고 괴롭힌다'라고 생각하기도 한다. 옆에서 보면 본인에게도 책임이 있는 일인데 오로지 주위 사람과 회사 탓만 하는 것이다.

타책 경향이 강한 사람은 사실 불안감이 강한 사람이다.
자신은 틀리지 않았다고 주장하기 때문에 얼핏 자신감 있어

보이는 사람도 있지만 실로 마음속에 불안을 가득 안고 있는
경우가 많다.

따라서 그 불안을 없애기 위해 소리 높여 '자신의 정당함'을 주
장하고 타인을 힐책한다.

이처럼 '자책'과 '타책'은 정반대로 보이지만 뿌리는 같다. 어
느 쪽도 나와 타인의 경계선이 불분명하거나 자신이 지켜야
할 책임 영역을 제대로 파악하지 못했기 때문에 일어나는 일
이다.

자책 경향이 강한 사람은 본래 자신이 지켜야 할 영역을 훨씬
뛰어넘은 범위까지 자신의 책임 영역이라고 인식해 자신을
나무라기 때문에 살기 힘들어한다. 타책 경향이 강한 사람은
본래 자신이 지켜야 할 영역보다도 훨씬 좁은 범위를 자신의
책임 영역이라고 인식하여 타인을 나무라며 '왜 나에게만 이
런 일이 일어나는 거야'라며 삶의 고충을 느낀다.

이처럼 나와 타인 사이의 경계선을 제대로 긋고 자신이 지켜
야 할 범위를 정확히 파악한 후 다른 사람이 나의 선을 넘어오
거나 혹은 내가 다른 사람의 선을 넘어가지 않도록 방지하는
일은, 삶의 고충을 줄이고 타인의 규칙에 얽매이지 않으며 본

인의 규칙으로 살아가는 데에 필수 불가결하다.

그렇다면 자신과 타인 사이의 경계선 그리고 본인의 영역을
지키려면 어떻게 해야 할까?
그 방법에 대해서는 다음 장부터 자세히 설명하도록 한다.

03 우선, 타인이 선을 넘어오는 것에 민감해진다

타인 [others]
제멋대로 쳐들어와 막무가내로 불공평한 거래를 요구한다

———————

만약 당신이 어떠한 삶의 고충을 안고 있고 자신과 타인의 경
계선을 스스로 잘 모르겠거나 경계선이 바르게 기능하고 있
지 않다고 느낀다면 먼저 '타인이 넘어오는 선'에 민감해지자.

애초에 어떤 상태가 선을 넘어오는 것인지 모르는 경우는 본
인의 '쾌·불쾌'의 감각과 상대와의 교류 후에 느끼는 '답답함'
에 주목하는 편이 좋다.

'왠지 기분 나쁜데', '허무하다', '허탕 친 기분이야', '바보 취급
당한 것 같아', '이용당한 건가', '그 말투는 좀 아닌 것 같아',
'답답하다'….

이런 견딜 수 없는 부정적인 기분을 느끼면 그 감각을 스스로
인정하고 받아들이자.
이때 결코 '내 기분 탓일지 몰라', '내가 거슬리게 했겠지', '나
한테도 잘못이 있으니까', '그 사람이 그런 일을 할 리가 없어',

'그 사람한테는 신세를 졌으니까'와 같이 스스로 부정해서는 안 된다.

예전에 이런 일이 있었다.

한 친구와 술집에서 이야기를 하는 중이었다. 너무 흥이 난 나머지 무심코 목소리가 커지고 말았다. 그러자 옆 테이블에 앉아 있던 여자친구와 함께 온 무서운 얼굴의 남성이 "너희 진짜 조용히 좀 해라!"라고 갑자기 언성을 높여 말했다.

나는 큰 목소리로 떠든 건 미안하다고 생각하면서도 상대의 그런 말투에는 상당히 불쾌함을 느꼈다.

처음에 공손하게 주의를 하고 그럼에도 우리가 그 말을 듣지 않았을 때 언성을 높였다면 이해한다. 하지만 그 남성이 우리에게 주의를 준 건 그때가 처음이었다.

이럴 때 '우리 잘못도 있지만 좀 차분하게 말해주면 좋을 텐데'라고 생각하는 것이다.

나의 입장을 확실히 전달하는 것과 상대를 불쾌하게 하는 언동을 하는 것은 전혀 별개의 문제다.

불쾌한 말을 들었을 때 나에게 잘못이 있거나 내가 상대보다 약자의 입장이라면 사람은 무심코 '상대가 그런 말을 해도 어쩔 수 없지'라며 상대방의 불쾌한 언동도 그대로 수용해버리기 쉽다. 하지만 그것은 틀렸다.

이 경우에서는 '커다란 목소리로 민폐를 끼쳤다'는 사실은 나의 책임이고 남성에게는 우리에게 불쾌함을 전달하고 주의를 줄 권리가 있다.

하지만 '일부러 난폭한 어투로 이야기했다'는 사실은 남성의 책임이고 우리에게는 남성에게 불쾌함을 전달하고 주의를 줄 권리가 있다.

'커다란 목소리로 민폐를 끼쳤다'는 일에 대해 반성하는 것은 물론 중요하지만 그렇다고 해서 '난폭한 어투로 인한 불쾌한 기분'까지 참아가며 없던 일로 할 필요는 없다.

당신이 어떤 부정적인 감정을 느꼈다는 사실은 당신의 영역 안에서는 절대적으로 정당한 일이며 다른 누구에게도 침해되지 않은 '진실'이다.

느껴서는 안 되는 감정은 없다고 생각하자. 그리고 자신의 마음속에 떠오른 감정을 골라 왜 그렇게 느꼈는지를 생각해보자. 그러면 상대의 언동이 나의 경계선을 침해했음을 알아차릴 수 있다.

혹은 일어난 일이 아닌 상대와의 관계 그 자체를 객관적으로
관찰해도 좋다.

'이 관계는 기브 앤드 테이크의 균형이 나쁘다'
'나만 손해 보고 책임을 짊어지고 있다'
'상대의 말만 듣고 있는 것 같다'

위와 같은 떨떠름한 기분을 느끼면 그 관계성은 공평하지 않
을지도 모른다.
만약 상대의 몸 상태가 좋지 않아 당신이 보살펴주는 상황처
럼 어떤 사정에 의해 일시적으로 공평하지 않은 상태에 처해
있다면, 그 관계성이 평소에는 공평했는지 장래를 보아 공평
함을 지향할 수 있는 관계인지를 생각해보자.
단, 파트너 관계나 혈연관계에 있는 사람에 대해서는 관계성
이 공평한지 아닌지 판단하기가 좀처럼 어렵다.
'사랑이 있는 관계'일수록 '사랑'에 눈이 멀어 선을 넘어오는
상황을 알아차리기 힘들기 때문이다.

파트너나 가족과의 관계에서 답답한 감정이 있는 경우에도
'사랑하니까', '파트너니까', '가족이니까'라며 부정할 필요는
없다.

사랑하는 상대든 가족이든 그런 답답한 감정을 갖는 것은 일반적인 일이다. 오히려 답답함을 솔직하게 서로 이야기하는 편이 보다 '사랑이 있는 관계'라고 말할 수 있다.

가족, 부부, 파트너라는 것은 단순히 관계성을 기술하는 명칭에 지나지 않는다. 그것이 진짜로 공평하며 건강한 인간관계를 담보해주는 보증은 절대 아니다.
오히려 그 관계성의 명칭에 기대어 어느 한쪽이 일방적인 요구를 강요하는 경우가 많지 않을까.

상대의 언동이나 상대와의 관계성에 답답함을 느꼈다면 그 단계에서 내 선을 침범당했을 가능성을 생각하자.
본인의 감각과 기분에 솔직해지고 마음의 소리에 귀를 기울였을 때 만약 내 선을 침범당했다고 확신한다면 그 사실을 확실히 인정하고 받아들이자.

지금까지 눈치채지 못했거나 알아차리지 못한 척했던 타인의 선의 침범에 민감해지면 내가 무슨 일을 당하고 싶지 않은지, 나에게 무엇이 불필요한지, 내가 무엇을 진짜 편하다고 느끼는지, 무엇을 원하는지 알기 시작한다. 자신과 타인 사이의 경계선, 지켜야 할 본인의 영역이 명확해진다.

그것이야말로 타인(사회)으로부터 선을 침범당하는 일을 막고 당신의 몸과 마음과 생활을 지키며 스스로의 규칙으로 자신의 이야기를 살아가기 위한 최초의, 그리고 더없이 중요한 첫걸음이다.

그리고 자신과 타인 사이의 경계선과 지켜야 할 자신의 영역이 명확해지면 본인이 선을 넘어 타인의 영역을 침범하거나 타인의 책임까지 짊어지는 일도 차단할 수 있다.

타인이 주는 스트레스는
거대하다

04 자꾸 선을 넘어오는 상대는 'NO'의 선반에 분류해두자

NO의 선반 [NO shelving]
한 번 놓으면 다시 꺼내지 않아도 좋다.

타인이 선을 넘어오는 일에 민감해지고 나와 타인 사이의 경계선과 자신의 영역에 대한 의식이 높아졌다면 다음으로 해야 할 일이 있다. 선을 침범당했을 때 NO라고 말하는 것, 그리고 자꾸 선을 침범해오는 상대에 대해 경계선에 가시 철사를 둘러치고 거리를 두는 것이다.

하지만 여러분 중에는 선을 침범당했다고 느꼈을 때 어떻게 대처하고 상대와 어떻게 거리를 두면 좋을지 모르는 사람도 많을 것이다.

그래서 이번에는 선을 침범당했을 때의 구체적인 대처 방법에 대해 단계적으로 소개하고자 한다.

STEP 1 제삼자에게 상담한다

선을 침범당했는지의 여부를 정하는 것은 어디까지나 당신 자신이다. 만약 당신이 상대의 언동에 언짢거나 불쾌함을 느껐다면 그것은 당신이 정해놓은 선을 확실히 넘어온 것이다. 처음에는 자신의 감각을 믿지 못한 채 '내가 너무 신경 쓰는 건가' 하고 생각하는 사람도 있을 것이다.

실제로 자책 경향이 강한 사람은 상대의 언동에 과잉 반응하는 경우가 있다.

예를 들면 상대는 전혀 신경 쓰지 않는데 상대에게 민폐를 끼쳤으리라 여기며 사과를 한다. 사과받은 쪽은 연유를 몰라 모호한 대답을 하거나 "무슨 일이에요?" 혹은 "마음 짚이는 일이 없는데요"라고 답할 것이다. 그것을 '사과했는데 받아주지 않았다'라고 느끼고 자신을 더욱 책망하는 것이다.

따라서 만약 당신이 자신의 감각을 믿을 수 없다면 자신이 언짢고 불쾌했던 일에 대해 솔직하고 객관적인 의견을 말해줄 법한 신뢰할 수 있는 제삼자에게 상담해보자.

STEP 2 마음을 전하려고 노력한다

상대의 불쾌한 행위에 선을 침범당했다고 느꼈을 때 바로 STEP 3으로 나아가 상대와의 관계를 완전히 차단하는 것도 때에 따라서는 나쁘지 않다.

상대가 이야기해도 모르는 타입이거나 당신을 제어하기 위해 일부러 선을 넘어오는 행위를 한다면 그 이상의 침략을 피하고 자신을 지키기 위해서라도 그러는 편이 좋다.

단, 상대방에게 악의가 없고, 이야기하면 알아줄 듯한 경우나 당신이 그 상대와 좋은 관계를 유지하고 싶은 경우라면 먼저 자신의 마음을 솔직히 전해보자.

그때 중요한 점은 "그런 일을 당하면 저는 괴로워요", "그런 말을 들으면 저는 슬퍼요"와 같은 '나 전달법(I-message)'으로 말하는 것이다.

'나 전달법'이란 미국의 임상심리학자인 토머스 고든이 『부모 역할 훈련』이라는 책에서 주장한 커뮤니케이션 방법으로, "'나'를 주어로 하여 자신이 어떻게 느꼈는지를 전달"하는 것이다.

반대로 '당신'으로 시작하거나 '당신'이 어딘가에 들어가는 화법을 '너 전달법(You-message)'이라고 한다.

'너 전달법'은 비난이나 평가 등 상대의 사고방식을 파괴할 법한 영향을 주는 일이 많으며 '상대를 공격하는 화법'이 되기 쉽다.

불쾌함을 느꼈을 때 "(당신은) 왜 그런가요?", "(당신의) 그 말투는 좋지 않아요"와 같이 '너 전달법'으로 이야기하면 상대는 자신이 공격받았다고 느껴 방어적인 커뮤니케이션이 된다. 모처럼 용기를 내서 지적했는데 당신의 마음이 전달되지 않는다면 좀 아깝다.

마음을 잘 전하기 위해서는 그 외 몇 가지의 기술이 필요하다. 아래에 그 포인트를 간단히 설명한다.

① 이야기할 타이밍을 고른다

상대가 바쁘거나 감정적일 때는 중요한 이야기를 해도 상대방에게는 여유가 없기 때문에 제대로 받아들여지지 않는다. 침착하고 차분하게 이야기할 수 있는 타이밍을 노리자.

상대방에게 전할 타이밍을 놓친 경우에는 언짢거나 불쾌함을 느낀 일을 메모하는 등 말로 한번 정리해두자.

만약 나중에라도 역시 전달해야겠다고 생각했다면 시차가 있어도 좋으므로 자신의 마음을 이야기하자.

② 상대를 향한 배려나 감사의 말을 덧붙인다

본론으로 들어가기 전이나 이야기를 끝낸 후에 "바쁘신 와중에 죄송합니다", "들어주셔서 감사합니다"와 같은 말을 덧붙이자. 그 한마디에 아마 상대는 당신의 말을 제대로 들어줄 기분이 될 것이다.

③ 전할 내용을 압축한다

동시에 여러 가지 이야기를 전달하면 정작 전하고자 하는 바가 무엇인지 알기 어렵다. 전할 내용은 되도록 간단하게 한다.

④ 상대방의 이야기도 듣는다

상대가 왜 당신이 불쾌해할 언동을 했는지 그 이유나 배경도 가능하면 들어두자. 상대가 어떤 생각을 하고 있는지 이해할 수 있으며 어쩌면 당신이 상대의 말을 잘못 이해했다는 사실을 깨달을지도 모른다.

이상이 자신의 기분을 상대에게 전할 때의 포인트이다.

이때 부모의 선의 침범을 계속 당해온 사람들이 오랜 시간 말하지 못했던 기분을 부모에게 갑자기 전달하려는 경우가 있다. 선을 계속해서 침범해온 부모는 '게임을 클리어한 후 등장하는 최종 보스'와 같은 존재이다. 가장 만만치 않으며 기분이 잘 전달되지 않을뿐더러 '그 시점에서 완전히 극복하지 않으면 절대 진전할 수 없는' 상대가 아닌 경우가 많다.

당신이 새롭게 만난 사람들과 바람직한 인간관계를 구축하면 부모의 언동이 당신의 마음에 미치는 영향은 점점 적아질 것이다.

어떻게 해서든 부모에게 말하고 싶은 사람은 신뢰할 수 있는 가까운 지인과의 의사소통 속에서 '전달하는 기술'을 연마한 후에 전하는 편이 좋을 것이다.

STEP 3 상대방을 'NO'의 선반에 분류한다

당신이 성실히 마음을 전달해도 상대방에게 들을 마음이 없거나 계속해서 선을 넘어오는 경우, 그 상대는 '당신을 소중히 여기지 않는 사람'임을 인정하자.
가령 부모나 친구, 동료라 하더라도 그 상대를 주저 없이 당신 마음속의 'NO'의 선반에 분류하고 거리를 두자.

기본적으로 'NO'의 선반에 넣은 상대와는 접촉하지 않는다. 관계를 개선해야 한다고 생각할 필요가 없다. 상대가 말을 걸어와도 한두 마디로 냉담하게 대답한다. 이야기하면서 힐끔힐끔 시계 보는 척을 하거나 권유에는 절대 응하지 않는 등 커뮤니케이션을 취할 용의가 없음을 태도로 나타내어 무관심한 대응을 하도록 노력하자. 상대의 문자를 '스팸 문자' 폴더로 분류해 눈에 띄지 않도록 하는 것도 좋다.

당신의 경계선, 당신의 영역을 아무렇지 않게 침해하려는 상대를 존중할 필요는 없다. 그런 상대로부터의 정보를 가능한 한 차단해야 당신의 마음을 평화로이 유지하며 스스로를 보살필 수 있기 때문이다.

이상이 나 나름대로 고안한 '선을 침범당했을 때의 구체적인 대처 방법'이다. 물론, 사람마다 각각 사고방식이 다르고 상대와의 관계성에 따라 대처 방법도 바뀔 것이다.
나머지는 위의 내용을 참고로 하여 일상생활 속에서 조금씩 NO를 전하는 기술을 익혔으면 한다.

05   때로는 다른 사람을 싫어하고
험담해도 좋다

좋은 사람 [Good people]

'싫어하면 안 돼', '사이좋게 지내야 해'라는 저주

자신과 타인 사이에 경계선을 확실히 긋거나 선을 계속해서 넘어오는 상대를 'NO'의 선반에 분류할 때 방해되는 것이 있다. 바로 '사람을 싫어해서는 안 된다', '사람을 나쁘게 말해선 안 된다', '누구와도 사이좋게 지내야 한다'라는 '도덕적 사고'이다.

물론, 타인의 결점과 미흡한 부분에만 시선을 두어 이 사람도 싫고 저 사람도 싫다고 생각하거나 늘 누군가의 험담만 하는 것은 권하지 않는다.

이것은 도덕적인 관점에서 하는 이야기가 아니다. 그런 삶의 방식은 무엇보다도 당신 자신을 행복하게 만들지 않기 때문이다.

타인의 결점과 미흡한 부분에만 눈을 돌리다 보면 타인을 향한 기대치가 점점 높아져 항상 짜증이 나거나 마음속에 불만과 분노가 점점 쌓여간다. 그 상태가 정신위생상 좋지 않은 것은 말할 것도 없다.

또 그런 사람의 주위에는 사람이 점점 없어진다. 결점을 들먹이고 험담만 하는 이와 기꺼이 친해지려는 사람은 좀처럼 없을 것이다.

하지만 나는 '절대로 사람을 싫어해서는 안 된다', '절대로 다른 사람의 험담을 해서는 안 된다', '반드시 모두와 친하게 지내야 한다'라고 생각하지 않는다.

아무리 해도 맞지 않는 사람을 때로는 싫어하거나 험담하고 싶어지는 것은 사람으로서 당연한 일이기 때문이다.

사람은 각각 사고방식과 가치관이 다르다. 다른 인간인 이상 가족, 파트너, 친한 친구 등 아무리 가까운 관계라 하더라도 사고방식과 가치관이 100% 일치하는 일은 우선 있을 수 없다. 사고방식과 가치관이 완전히 일치하지 않는 이상 사람은 타인의 언동에 많든 적든 위화감을 느낀다.

위화감은 마음이 '이 사람의 사고방식과 가치관은 나와 다르다'라고 깨달았을 때 울리는 알람과 같다.

그 위화감이 스스로 받아들일 수 있는 범위라면 괜찮다. 하지만 받아들일 수 없다면 사람은 상대방에 대해 지레 겁을 먹거나 불쾌감, 혐오감을 느끼게 된다.

알람이 울렸다면 몸과 마음이 '일단 멈춰서 제대로 생각해보자'라는 메시지를 보낸 것으로 생각하자.

위화감을 자각하고 받아들여 '내가 왜, 어디에서 위화감을 느꼈는지' 제대로 생각하는 일은 나와 타인에 대하여 더욱 깊이 이해할 커다란 기회가 된다.

그 결과, '이 사람의 사고방식과 가치관의 차이는 허용 범위이다', '좀 더 이 사람과 관계를 지속하고 싶다'라고 생각했다면 타협이 되도록 노력하면 된다. 반대로 '이 사람과의 차이는 도저히 받아들일 수 없다', '이 사람에게는 이 이상 다가가고 싶지 않다'라고 생각했다면 그 감각에 자신감을 갖고 상대와 멀어지면 된다.

후자의 경우 다가가고 싶지 않은 이유를 제대로 언어화하여 '가설'을 만들어두면 다른 인간관계에도 응용할 수 있다.

타인에 대한 통찰력이 뛰어난 사람은 그런 과정을 신중히 거쳐 자신만의 법칙을 모아둔 것은 아닐까.

예를 들어, 그다지 친하지 않은 상대가 당신에게 '불필요한 간섭'으로밖에 보이지 않는 쓸데없는 참견을 했다고 치자. 이때 위화감을 느낀 경우 골똘히 생각한 끝에 다음과 같은 결론에

이를 수도 있다.

"나는 급격히 거리를 좁히거나 강제로 친절을 베풀어오는 것이 싫다. 내 영역을 침범당했다는 불쾌감과 생색내는 듯한 태도, 꺼림칙함을 느끼기 때문이다."
"얼핏 봤을 땐 좋은 사람 같아 보인다. 마음에 상처를 주지도 않는다. 하지만 세상에는 친절한 척하면서 내가 거절하거나 불만을 말하기 어려운 형태로 스멀스멀 경계선을 밟고 넘어오는 사람이 있다."

이러한 법칙이 축적되면 다음에 비슷한 사람을 만났을 때 처음부터 선을 넘어오지 못 하도록 거리를 두는 일도 가능하다. 하지만 '사람을 싫어해선 안 된다', '사람의 험담을 해선 안 된다', '모두와 사이좋게 지내야 한다'라는 도덕적인 사고방식은 위화감에 대해 제대로 생각하지 못 하도록 방해한다.
'어떤 사정이 있더라도 사람을 싫어하고 험담하는 행위는 나쁘다'라는 생각에 사로잡히면 마음은 위화감을 느낀 일 자체를 없던 셈 치는 것이다.

게다가 도덕적인 사고에 지나치게 사로잡히면 험담을 하거나 타인을 싫어하게 됐을 때 '나는 진짜 몹쓸 인간'이라는 자기혐오에 빠져 자기평가가 내려갈 우려도 있다.

나는 '타인을 험담하는 사람은 믿을 수 없다'라는 말도 상당히 명료하지 않다고 생각한다. 경험과 법칙을 쌓다 보면 타인이 싫어지거나 타인을 험담하기 전에 그 상대로부터 거리를 둘 수 있게 될지도 모른다.

그러나 아직 그 경지에 이르지 못했는데 단지 '사람을 싫어해선 안 된다', '험담을 해서는 안 된다'라고 맹목적으로 믿고 자신의 마음속에 싹튼 위화감을 모른 척하며 상대의 경계선 침범을 허락하여 점점 스트레스를 쌓아가는 것은 스스로 거짓말하는 일이며 경계선을 올바르게 치지 못 하도록 저해한다. 결국 성실한 인간관계를 구축하는 데에도 마이너스 작용을 한다.

어느 정도 험담을 하는 편이 적어도 스스로에게는 정직한 일이다. 오히려 타인을 험담하는 편이 자신에게 거짓말을 하면서 타인의 험담을 하지 않는 사람보다 건전할지도 모른다.

덧붙여 말하자면, '거짓말을 하지 않는 사람은 믿을 수 있다'라는 말 역시 조잡한 사고방식이다. 나는 '타인에게는 다소 거짓말을 해도 좋지만 스스로 거짓말하는 것은 좋지 않다'고 생각한다.

거북한 사람의 얼굴을 맞대고 "어색하다", "싫다"라고 말하는 것은 모난 행동이지만, '어색하다', '위화감이 느껴진다'라는 감각만은 본인의 마음속에 사실로서 확실히 인정하자.

사실은 어색한데 '나는 그 사람이 어색하지 않다'라고 믿어버리면 반드시 어딘가에 부작용이 생긴다. 자신의 마음을 덮어버린 대가는 심신의 컨디션 난조라는 형태로 반드시 되돌아온다. 스스로에게 한 거짓말이 건강에 훨씬 더 해로운 것이다.

우리는 어린 시절부터 집과 학교를 통해 '모두와 사이좋게 지내야 한다'라는 말을 들으며 자라기 때문에 싫어도 사이좋게 지내야 한다고 무심코 생각하기 쉽다. 하지만 그것은 아이의 세계에서 통하는 상식이다.
어른의 세계에는 '사이가 좋진 않지만, 전쟁도 하지 않는' 상태가 존재한다. 그런 상태가 세상의 균형을 유지한다.

사이가 좋지 않아도, 마음속으로 싫어하더라도, 다소 험담을 하더라도 겉으로만 싸우지 않는다면 그것만으로 충분히 합격

점이다.

만약 누군가를 대하기 꺼려진다면 그게 가족이나 연인이라 할지라도 접하는 시간을 일단 줄이자. 그리고 호감 가는 사람들과의 인간관계의 비중을 늘려 본인의 몸과 마음이 어떻게 반응하는지 차분히 느껴보자. 반드시 더욱 건강해질 것이다.

상대방의 성격은 바꾸지 못하더라도 자신과 연관된 인간관계의 비율은 자유롭게 바꿀 수 있다. 나를 존중하지 않는 상대로부터 거리를 두고 나를 소중히 여기는 상대를 보다 귀하게 대함으로써 자기 자신은 더욱 고귀해진다.

06 사과는 관계를 개선하기 위해서만 한다

사과 [apology]

납득할 때까지 사과하라고 요구하는 사람은 위험하다.
완전히 선을 넘어온 것이다.

타인의 경계선 침해에 관련하여 하나 전하고 싶은 말이 있다. 그것은 누군가에게 사과할 때 경계선을 침해당하는지 살피는 편이 좋다는 점이다.

업무상 실수를 하여 동료나 클라이언트에게 민폐를 끼쳤을 때, 금전이나 인간관계 등으로 문제를 일으켜 가족을 곤란하게 만들었을 때, 자신의 언동으로 인해 친구나 연인과 싸웠을 때 우리는 반성하고 상대방에게 사과한다.

상대방이 무리한 요구를 하여 응할 수 없었던 상황 같은 경우는 사과 자체를 할 필요가 없다. 하지만 명백히 자신에게 잘못이 있는 경우 사과하는 것은 매우 중요한 일이다.

단, 여기에서 사과하는 이유에 대해 생각해야 한다.

아마 대부분의 사람은 '나 혹은 내 주위 사람(가족, 연인, 가까운 친구, 동료 등)의 언동에 의해 불이익이나 불쾌감을 준 일에 대해 미안한 마음을 상대에게 전하고 싶다'는 점이 사과하는 첫 번째 이유일 것이다.

하지만 그 속내에 '사과를 하지 않으면 상대의 기분이 가라앉지 않을 것이다', '사과하면 상대방이 용서해주길 바란다'는 마음이 있지는 않은지 생각해보자.

불상사를 일으킨 기업이 사죄 회견을 여는 것은 '기업의 이미지가 더욱 나빠지는 일을 막고 소비자에게 용서를 구하기 위함'이며, 부하가 실수를 해서 거래처에 민폐를 끼쳤을 때 상사가 사죄를 하는 것은 '거래 관계를 잃지 않기 위함'이다.
가족이나 친구, 연인에게 사과할 때에도 '용서해주길 바라'는 마음이 있을 것이다.

그것을 불순하다고 말하려는 것은 아니다. 나 역시도 누군가에게 사과할 때에는 역시 '용서해줬으면 좋겠다'라는 마음이 어딘가에 숨어 있다.
문제는 '용서해줬으면 좋겠다'라는 마음이 '용서해준다면 뭐든지 하겠다'라는 마음으로 변하기 쉬우며, 그 때문에 상대가 침범해오는 선을 허락하고 자신의 인생을 제어할 권한을 놓치기 쉽다는 점에 있다.

'사과를 한다'는 것은 '자신(들)에게 잘못이 있다는 점'을 인정한다는 뜻이다. 따라서 상대에게 빚을 느껴 입장이 약해지기마련이다.

그리고 세상에는 '진심으로 사과를 한다면 모두 잊어준다'라고 생각하는 선량한 사람만 있지 않다. 사과한 사람이 지닌 빚과 '용서를 바라'는 속내를 이용하는 사람도 적지 않다.

"미안하다는 말로 끝이면 경찰은 필요 없다", "잘못했으면 성의를 보여(태도로 보여)"라고 말하는 것은 대체로 이런 무리이다. 고의로 차에 부딪혀 합의금을 요구하는 '자해 공갈단'이나 일부러 상품과 서비스에 컴플레인을 걸어 값을 깎거나 추가 서비스를 요구하는 부류의 사람들도 사과하는 사람의 빚을 이용하고 있다.

'기타큐슈감금살인사건'이나 '아마자키연속변사사건'(둘 다 주범이 주위 사람을 마인드컨트롤하여 살인 등을 시킨 사건)을 보면 주범은 먼저 상대에게 어떠한 빚을 지게 한 다음 서서히 상대의 생활과 사고를 지배했다.

위와 같은 사건은 극단적인 예일지도 모르지만 사과하는 사람이 무의식중에 상대가 말하는 대로 하게 되는 일은 자주 있다. 어쩌면 여러분의 기억에도 그런 일이 있을지 모른다.

그렇다면 사과를 할 때 상대방이 선을 넘어오는 것을 거부하거나 상대의 요구에 NO를 말하기 위해서 어떻게 하면 좋을까?

우선, '마음을 담아 사과하는 것'과 '상대가 용서해주는 것', '상대방이 선을 넘어오는 일을 허락하는 것'은 전혀 다른 문제임을 확실히 인식해야 한다.
사과와 반성은 사과하는 사람의 영역이므로 책임을 지고 행동할 필요가 있지만 '용서할지 말지'는 어디까지나 사과받는 사람의 영역이다.

이전에 어떤 사람에게 '사과의 목적은 용서를 받는 것이 아닌 관계를 개선하기 위한 일'이라고 들은 적이 있다.
상대에게 끼친 민폐와 손해를 인정하고 그 아픔을 진지하게 헤아린다. 그리고 거기에서 어떠한 태도로 어떻게 행동하면 서로에게 보다 좋은 상황으로 이어질지를 대화하면서 고려한다. 그것이 공평한 사과의 모습이 아닐까?

이때 중요한 것은 목표로 하는 골이 '서로에게 보다 좋은 상황'
이라는 점이다.

한쪽이 스트레스를 느끼거나 불이익을 당하는 관계에 착지해
서는 안 된다. 어떠한 문제가 발생하여 당신이 사과하는 입장
이 되었다면 우선 미안하다는 마음을 확실히 전달한 후 반성
하여 고칠 수 있는 문제는 바로잡도록 노력해야 한다.

그래도 상대가 납득하지 않는다면 어긋난 부분은 없는지 냉
정하게 찾아 검토하자.

상대가 원하는 바가 객관적으로 타당하고 공정하며, 당신이
무리하지 않고 응할 수 있는 범위의 내용이라면 받아들여도
좋다.

그러나 그렇지 않은 경우 상대와의 관계성 자체를 되돌아볼
필요가 있다. 사과하는 당신에게 필요 이상의 요구를 하는 상
대와 과연 이후에도 공평한 인간관계를 만들 수 있을까?

또 상대가 원하는 바를 검토할 때에는 필사적으로 용서를 구
하려 초조해하지 말자. 만약 믿을 수 있는 제삼자가 있다면 그
에게 정중하게 사정을 설명하고 의견을 구하는 것도 좋겠다.

07

마음이 약해졌을 때는
나를 판단하는 사람에게서 멀어진다

상처 [wound]
절대적이 아니더라도 상대적으로 안심할 수 있는 상대를 찾는다

인간관계에 있어서 그 외에도 지켜야 할 철칙이 있다.
바로 '마음이 약해졌을 때는 나를 판단하는 사람에게서 멀어
진다'는 것이다.

내 주위에는 마음속에 절망을 품고 있으면서도 인생을 새롭
게 세워보려는 소중한 사람들이 있다. 그들은 앞으로 나아가
기 위해 여러 경험을 쌓거나 다양한 사람들을 만난다.

그러나 사람을 만나려면 기력이 필요하다. 특히 인생을 재구
축해야 할 정도의 사태에서 그 사람의 기력은 최저 상태라 봐
도 무방하다. 통상의 8배 정도 상처 입기 쉽고 민감해져 있는
것이다.

그런 상태에 있는 사람에게 기력은 귀중한 자원이다. 기력을
쓸데없이 소비해서는 안 된다. 따라서 '누구와 만나는지'가 상
당히 중요해진다.

만남 후 '만나서 정말 좋았다', '만난 덕분에 힘이 생겼고, 앞으

로 나아갈 기분이 되었다'라고 생각되는 사람이 있는가 하면, '만나지 말 걸 그랬다', '에너지만 소비하고 피곤해졌다', '초조해지고 절망감만 느껴진다'라고 생각되는 사람도 있기 때문이다. 그리고 안타깝게도 세상에는 후자에 해당하는 사람이 더욱 많다.

그렇다면 마음이 약해졌을 때 만나면 좋은 사람은 대체 어떤 사람일까?
간단히 말하자면 '힘이 없을 때 만나도 또 보고 싶다고 생각되는 사람'과 '나를 방어하지 않아도 될 정도로 안심되는 사람'이다.

좀 더 구체적인 특징은 아래와 같다.

- 당신을 '판단'하지 않는다.
- 강한 어조로 말하지 않는다.
- 격한 감정을 드러내지 않는다.
- 당신에게 '요구'하지 않는다.
- 100% 긍정적이기보다 30% 정도의 '어둠'이 있다.

이런 사람에게 사용하는 시간과 에너지의 비율을 최대한 높임으로써 신속하게 인생과 기분을 재정립할 수 있을 것이다.
반대로 당신을 판단하는 사람, 강한 어조로 말하는 사람, 격한 감정을 노골적으로 드러내는 사람, 당신에게 요구하는 사람, 지나치게 긍정적인 사람을 만나면 기력을 공연히 허비하기 쉽다.

사람은 평가의 대상이 되어 누군가의 눈에 띄었을 때 생리 반응으로서 방어적이 된다.

입학, 입사, 승진 시험의 면접, 혹은 미팅이나 맞선 자리에서 자신의 기분과 태도가 어떤 상태였는지 떠올려보자.
대부분의 사람은 무의식중에 '부정적인 평가를 받지 않도록 하자', '긍정적인 평가가 내려지도록 행동하자'라는 태세를 갖춰 신경을 곤두세운다. 그것은 '안심'이나 '편안함'과는 정반대의 상태이다.

마찬가지로 자신의 기분과 의견을 말했을 때 "그건 아니지", "그건 이상해" 혹은 "그게 정답이야"와 같이 말하거나, "당신은 ~한 사람이다"라며 쉽게 단정하는 상대에 대해 사람은 안심하고 자신의 마음을 전할 수 없다. 타인의 판단으로 인해 상처받지 않으려면 방대한 기력을 소비해야 하고 그에 따라 회복에 써야 할 에너지는 부족해진다.

또 강한 어조로 말하는 사람, 격한 감정을 드러내는 사람을 상대할 때 역시 사람은 편안히 이야기할 수 없다. 마음이 약해질 대로 약해져 있는데 "힘내!", "파이팅!"이라는 응원의 말이나 "~하는 게 좋겠어"와 같이 일방적인 충고를 듣는다고 하더라도 과연 있는 그대로 받아들일 수 있을까.

지나치게 긍정적인 사람도 약해진 마음에는 오히려 독이 되는 경우가 있다. '30% 정도의 어둠이 있는 사람'은 예전에 어느 환자가 나에게 가르쳐준 표현이다. 구체적으로 말하자면 온갖 고생과 슬픔을 경험했으며 인간의 연약함과 추악함에 대해 관용할 줄 아는 사람을 가리킨다.

성선설에 해당하는 듯한 100% 긍정적인, 그야말로 '빛'과 같은 사람은 내가 힘들 때는 오히려 너무 눈이 부셔서 괴로워질 수 있다. 지나치게 긍정적인 사람은 '마음이 약해진다'라는 상태를 이해해줄 수 없으며, 스스로도 '나는 왜 이 사람처럼 밝지 못할까'라며 콤플렉스가 자극되기 쉽기 때문이다.

기운이 없을 때 타인을 만나면 정말 다양한 것이 보인다. 상대방은 선의를 갖고 격려하거나 다양한 충고와 배려를 해주는

데 '고맙긴 하지만 뭔가 아니야'라고 느끼는 경우도 있다. 물론 노골적으로 공격해오는 사람은 논외로 둔다.

이때 그 감각을 중요히 여기는 편이 좋다.
내가 괜찮다는 사실을 겉으로 표현해야 하는 상대라면 적어도 그 사람은 '최우선으로' 만날 대상은 아니다.

누군가의 절망에 제대로 다가갈 수 있는 사람은 '지금 괴로워하는 "당신"과 그것을 듣고 있는 "나"는 다른 고통을 안고 있지만, 본질적으로는 같다'라는 사실을 진심으로 이해할 것이다. 따라서 그들은 타인을 판단하지 않고 자신의 의견을 강요하지도 않으며 상대가 정말로 원하는 바가 무엇인지를 안다.
마음이 약해져 있을 때 최우선으로 만나야 하는 것은 바로 그런 사람이다.

지금 당신이 자신의 인생에 절망했고 에너지가 바닥이 되었다고 치자. 이때 당신에게 무엇보다 필요한 것은 표면적인 위로나 격려가 아닌 당신이 살아온 길과 지금 느끼는 점을 있는 그대로 긍정받는 일이다.
예를 들어 당신이 '죽고 싶다', '나는 텅 빈 깡통처럼 가치가 없다', '사라지고 싶다'라고 생각하고 그것을 입에 담았다고 치

자. 아마 "그런 말 하지 마", "충분히 가치 있어"와 같은 말은 당신의 마음에 와닿지 않을 것이다.

당신의 그런 기분과 그럼에도 지금까지 힘내서 살아왔다는 사실을 상대가 좋고 나쁨으로 판단하지 않고 통째로 받아들여 주었을 때 당신은 처음으로 안도할 수 있다. 또 당신이 사실은 어떻게 하고 싶은지, 어떻게 되고 싶은지, 앞으로 어떻게 해야 할지를 생각할 수 있다.

그 사람이 봐온 세상 속에서의 일은 결국 그 사람밖에 모른다. 그것을 보지 않은 타인이 본인의 이해 가능한 범주로 제멋대로 축소하거나 막무가내로 판단하는 것은 상대방의 인생과 존엄을 침해하는 일이다. 그로 인해 그때까지 쌓아온 안심과 신뢰가 한순간에 붕괴할지도 모른다.
상대방의 인생과 지금 느끼는 바를 있는 그대로 긍정하고 존중하는 일은 상당히 어렵다. 그리고 그것이 가능한 사람은 한정될 수밖에 없다.

따라서 마음이 약해진 사람은 '만날 수 있는 사람'이 점점 줄어간다.
나의 괴로움과 절망을 이해해주었으면 하는 상대에게 그런 태도를 받을 수 없다면 그 실망과 고통은 말할 수 없이 크다. 용기 내어 사람을 만났지만, 결과적으로 힘들어지고 실망만 하는 상황이 반복되는 사이에 타인과 조금씩 소원해지고, '결국 아무도 남지 않았다'고 느끼게 된다.

그러나 설령 '절대적으로 안심할 수 있는 상대'를 찾지 못했더라도 '상대적으로 안심할 수 있는 상대'를 찾는 일은 매우 중요하다.

마음이 약해져 있는 자신을 완벽히 이해하지 않아도 된다. 하지만 나의 인생과 내가 지금 생각하는 바를 성실히 받아들이려 한다. 이런 사람들과의 시간을 쌓아가는 일은 분명 마음과 인생을 재구축하기 위한 기반이 된다.

타인의 규칙에 얽매이지 않고
나의 규칙으로 살아간다

— **Contents 2** —

직장의 인간관계

08 직장의 꺼림칙한 관계나 환경, 규칙을 제대로 되돌아보자

사회 [society]

자신의 영역을 침해당해 몸과 마음, 인생이 파괴된 사람도 있다

─────────

〈인간관계의 기본〉 편에서는 NO를 말할 수 있는 사람이 되어 자신에게 바람직한 사람과 말, 규칙을 통해 스스로의 마음과 생활, 인생을 충족시키는 것의 소중함, 자신과 타인 사이의 경계선과 스스로 책임지고 지켜야 할 영역을 의식하는 것의 중요성에 관해 이야기했다.

이번 〈직장의 인간관계〉 편에서는 특히 '직장에서의 인간관계', '직장의 환경과 규칙'에 대해 생각하고자 한다.

어린 시절 인간관계의 중심은 가정과 학교이다. 가정과 학교는 아이의 인격 및 가치관을 형성하는 데에 커다란 영향을 미친다.

그러나 아이는 부모(가정)나 학교를 주체적으로 고를 수 없다. 엄격한 환경 속에서 스스로의 몸과 마음을 바르게 지킬 수 있는 기술도 갖추지 못했다.

트럼프 게임에서 처음 나눠준 카드가 불리하면 아무리 해도 불리한 게임을 강제로 이어가게 되듯이 가정과 학교의 환경이 바람직하지 않은 경우 그 사람의 인생은 윤택한 환경에서 자란 사람에 비해 힘겨워지기 쉽다.

안타깝게도 이 점에 관해서는 사회는 불공평하다고 말하지 않을 수 없다.

한편, 성장하여 사회에 나오면 인간관계의 중심은 '직장'으로 옮겨진다.

대다수의 사람은 기본적으로 학생 생활을 끝낸 후 취직한 회사에서 '사회인으로서' 살아가기 위한 규칙과 기술의 대부분을 배운다. 평일에는 하루 24시간 중 3분의 1 이상을 직장에서 보내게 된다.

직장은 어른이 된 이후의 생활과 인생의 토대이다. 직장의 인간관계는 가정 및 학교에서의 인간관계와 동등하거나 혹은 그 이상으로 중요하다고 말할 수 있다.

그렇기에 직장 내 인간관계의 규칙과 환경을 다시 돌아보는 일은 나답게 행복한 인생을 보내기 위해 필수 불가결하다.

세상에는 사람을 귀중히 대하는 직장에서 자신의 영역을 부당하게 침해받지 않은 채 행복하고 평온하게 살아가는 사람이 있는가 하면, 계속해서 선을 넘어오는 경영자나 상사, 동료, 거래처 등에 의해 자신의 영역을 침해당해 때로는 몸과 마음, 생활, 인생을 파괴당하는 사람도 있다.

잊을 수 없는 일이 하나 있다. 대학 시절 고락을 함께한 나의 친구 일이다.

그는 운동부 부장으로 성적도 우수하고 매우 착했으며 타인의 매력을 돋보이게 해주는 사람이었다. 그의 주위에는 항상 사람이 넘쳤다. 진정한 리더란 그와 같은 사람이겠구나, 라고 생각하며 나는 그를 몰래 동경하고 있었다.

그러나 대학 졸업 후 의사 인생의 시작점에 들어선 연수의 시절, 그는 몸과 마음이 무너져 자살했다.

다른 조직과 마찬가지로 의료 현장에서도 자연히 연수의나 신입 직원 등 '가장 약한 입장의 사람'에게 부담이 집중한다.

나중에 알았지만, 사실 임상연수의는 약 30%의 사람이 우울증에 걸릴 정도로 세계 공통으로 위험 부담이 큰일이라 여겨진다.

그에게 무슨 일이 일어났을까. 왜 그러한 환경에 방치되었을까. 다정하고 선량하며 아무리 생각해도 행복해야만 하는 그와 같은 사람에게 왜 이런 일이 일어났을까.

내가 정신건강이라는 영역에 흥미를 갖게 된 계기이다.

나의 또 다른 여성 친구는 처음 취직한 회사에서 혹독한 노동량을 할당받아 몸과 마음의 균형이 크게 무너지고 말았다.

그녀의 상사는 "만약 99점을 받았다 하더라도 100점이 아니면 0점과 마찬가지다"가 입버릇이었다고 한다. 그 말(규칙)에 의해 부하들은 점점 궁지에 몰렸다고 한다.

당연히 99점은 99점으로, 결코 0점이 아니다. "99점은 0점과 같다"라는 말은 상사가 마음대로 정한 아무런 근거도 없는 규칙에 지나지 않는다.

그 회사에 다니기 전까지만 해도 친구는 그런 가치관을 갖고 있지 않았다. 하지만 친구가 너무 고분고분해서인지 그녀의 뇌에는 상사의 규칙이 설치되었고, 회사를 그만둔 후에도 한동안 그 규칙에 얽매여 괴로워했다.

직장의 인간관계는 은밀하면서 영향력이 크다. 어떤 환경에서 어떤 사람과 어떤 관계를 만드는가는 그 후의 당신의 마음과 생활, 인생 그 자체를 좌우한다.

단, 지식과 경험이 축적된 만큼 어른은 아이보다 바람직한 인간관계를 만들기 위한 기술을 몸에 익히기 쉽고, 직장과 일하는 방법은 자유롭게 선택할 수 있다.

물론 모두가 희망하는 회사와 부서에 배치되는 것은 아니지만 선택할 수 없는 부모(가정)나 사는 지역, 학력, 부모의 경제력과 가치관 따위에 의해 어느 정도 정해지는 학교에 비하면 직장과 일하는 방법의 선택지의 폭은 매우 넓다고 할 수 있다.

만약 당신이 현재 직장의 인간관계와 환경, 규칙에 불쾌함이나 언짢음을 느낀다면 한번 제대로 되돌아보자. 그리고 당신에게 바람직하지 않은 관계성과 규칙이 있다면 조금씩 NO를 붙여가자.

아무리 노력해도 자신의 경계선과 영역을 지킬 수 없다는 사실을 깨달았다면 직장 자체에 NO를 말하는(퇴사나 이직을 하는) 방법도 있다.

09   직장은 불공평한 거래투성이다

그 사람 [that person]
당신의 착실함과 선량함을 틈타 이용하려고 한다

먼저 여러분에게 이야기하고 싶은 것은 '직장에는 불공평한 거래가 넘쳐난다'는 사실이다.

우리는 매일 타인과 다양한 것을 거래하며 살아간다. 가족, 연인, 친구와는 애정과 배려를 거래하고 가게에서는 상품 및 서비스를 대금과 거래하고 직장에서는 노동 시간, 노동력, 능력, 아이디어와 급료를 거래한다.

이 세상은 그런 수많은 거래에 의해 성립되어 있다.

단, 그 거래가 반드시 공평하게 이루어진다고는 말할 수 없다. 대금에 맞지 않는 상품과 서비스가 산더미 같듯이, 애정과 배려에서도 '한쪽만 애정을 쏟고 다른 한쪽은 그에 답하기는커녕 애정이나 은혜를 원수로 갚는 일'도 종종 있다.

물론 직장에서도 마찬가지다. 오히려 직장이야말로 불공평한 거래가 넘치고 있다 해도 과언이 아니다.

예를 들어 당신은 직장에서 이런 상황을 겪은 적은 없는지 생각해보자.

- 이른바 '블랙기업'으로 직장 상사의 괴롭힘이 횡행하며 상사나 경영자에 의해 격무에 시달리고 잔업의 연속으로 수면 시간도 제대로 확보받지 못한 적이 있다.
- 형식뿐인 의미 없는 회의와 미팅, 결재에 시간을 빼앗긴다.
- 가장 나이가 어리거나 여성이라는 이유로 다른 사람이 꺼리는 잡일을 억지로 떠맡는다.
- 상사나 동료에게 자신의 일을 방해받거나 공로를 빼앗긴 적이 있다.
- 선의로 동료의 일을 도왔는데 점점 일을 억지로 떠맡게 되고 실수의 책임까지 진 적이 있다.
- 의욕이 없는 부하의 교육을 맡아 업무 진행에 발목이 잡히고 스트레스만 쌓여간다.
- 클라이언트가 대금에 맞지 않는 무리한 주문만 한다.

이 외에도 나는 "편의점 아르바이트생이 가게에서 팔고 남은 크리스마스 케이크를 자비로 억지로 샀다"거나 "태풍이 왔을 때 상사에게 '내일 전철이 멈출 것을 예상하여 자비로 직장 근처의 호텔에 머물러라'라는 명령을 받았다"와 같은 이야기도 빈번히 듣는다.

이와 같은 상황은 모두 완전히 선을 넘은 것으로, 직장 내 불공평한 거래의 실제 사례이기도 하다.

애초에 당신과 경영자, 당신과 클라이언트는 급료나 대금과 교환하여 당신이 그에 맞는 시간과 노동력, 능력 혹은 상품이나 서비스 등을 제공하는 공평한 거래 관계여야 한다. 또 당신과 상사, 당신과 동료도 서로의 이익 및 행복을 위해 공평하게 시간과 노동력, 능력, 아이디어 등을 거래하는 관계여야만 한다.
그것이야말로 건전하고 공평한 인간관계이다.

하지만 사원이나 일을 수주하는 쪽은 종종 경영자와 클라이언트로부터 불공평한 거래를 요구받는다.

이 세상의 직장에는 '나만 이득을 보고 싶다', '나의 존재감을 드러내고 싶다', '조금이라도 편하고 싶다', '나의 안전만 보장받으면 된다', '나보다 눈에 띄는 인간은 용서할 수 없다'라는 생각을 안고 당신의 성실함과 선량함, 죄책감, 나약함을 틈타 이용하려는 인간이 적잖이 있다.

그들은 '사회인은 ~해야 한다', '관리직은(부하는) ~해야 한다', '손님(돈을 지불하는 쪽)은 왕이다'와 같은 일방적인 규칙을 강요하며 당신의 영역을 아무렇지 않게 침해하여 당신의 시간과 노동력, 능력, 나아가 가치관과 규칙, 행복하며 평온한 생활, 인생 그 자체마저 빼앗는다.

지금까지 당신은 어쩌면 그런 타인의 규칙을 의심하지 않고 받아들여 '사회인은 그래야 한다', '나는 관리직이니까(혹은 부하니까) 어쩔 수 없다', '나는 일을 받는 입장이니 어쩔 수 없다'라며 불공평한 거래나 선의 침범을 순순히 허용했는지도 모른다. 또는 '나를 의지하는 것이니 행복한 일이다'라며 스스로를 구슬린 사람도 있을 것이다.

그러나 안타깝게도 불공평한 거래를 되풀이한 끝에는 당신에게도 그리고 불공평한 거래를 요구한 상대에게도 아마 후회만이 기다리고 있을 것이다.
어떤 후회가 기다리고 있는지는 다음 장에서 자세히 이야기하겠다.

건강하고 공평한 인간관계가
이뤄져야 한다

10 불공평한 거래가 '중년의 위기'를 초래한다

가치 [value]

회사원으로서의 가치와 평가는 정년퇴직 후 사라진다

'중년의 위기(미드라이프 크라이시스Midlife Crisis)'라는 말이 있다. 30대 후반부터 50대에 걸친 중년기에 찾아오는 심각한 정신적 위기를 나타내는 말로, 남녀 불문하고 약 80%의 사람이 경험한다고 한다.

'경쟁에서 이겨 좋은 학교, 좋은 회사에 들어가 출세하는 것', '일을 해서 조금이라도 많은 돈을 벌어 풍족한 생활을 하는 것', '회사와 사회가 요구하는 인재가 되어 때로는 내 시간과 생활을 희생해서라도 회사의 이익에 공헌하는 것' 등을 '옳다', '행복하다'라고 믿으며 살아온 사람이 인생의 후반에 접어들었을 때, 그때까지의 삶의 방식에 의문을 가지거나 가치가 없다고 느끼는 경우가 있다.

동시에 '나답게 살고 싶다'는 마음이 강해져 '지금 하는 일이 내가 정말 원하는 일인가', '좀 더 나은 삶이 있지는 않을까' 하고 본인 인생의 모습과 의미를 되묻게 된다.

중년기에 접어들면 젊은 시절에 비해 체력이나 기력, 기억력, 외모 등이 쇠퇴한다. 이제껏 의지해온 '필승 패턴'이 통하지 않고 능력의 한계를 느끼는 일이 많아지며 '나는 회사나 사회에 있어 필요 없는 인간이지 않을까'라고 생각해 불안과 공포에 뒤덮여 괴로워한다.

또 인생은 유한하며 건강하게 움직일 수 있는 시간도 한정되어 있다는 사실을 실감하며 '지금까지 살아온 대로 계속해서 살아가도 괜찮은 걸까', '내 인생은 무의미한 것이 아닐까'라는 생각이 점점 강해진다.

그것이 '중년의 위기'이다.

그리고 인생의 전반(40대 정도까지)에 노력해서 회사나 사회에 적합한 사람, 즉 '내 머릿속에 정립된 회사나 사회의 규칙을 의심하지 않고 그대로 받아들인 사람'일수록 중년의 위기에 빠지기 쉽다고 한다. 그 결과 우울증에 걸리거나 어느 순간 갑자기 일이나 가정을 내팽개치는 사람도 적지 않다.

우리는 어린 시절부터 부모나 학교, 미디어 등에 의해 '착하고 좋은 아이'를 요구받으며 '사회에서 성공할 것', '사회에 도움이 될 것', '경쟁에서 이길 것'을 목표로 하는 교육을 받으며 자란다. 회사원이 되어 일하기 시작하면 '회사에서 요구하는 인재가 되어 회사가 요구하는 가치를 만들어내야 마땅하다'라는 가치관과 규칙이 새겨진다.

그러나 당연한 말이지만 그런 가치관과 규칙은 '자신이 진정으로 바라는 일', '자신의 인생에 있어서의 마땅한 일'과는 다르다.

물론 사회 전체의 경제를 순환시키기 위해서는 회사라는 형태가 필요하다. '회사와 사회의 규칙을 스스로 어느 정도 정립해두는' 것은 회사와 사회 속에서 살아남는 데 다소 유용할지도 모른다.

하지만 그 규칙이 자신의 가치관을 완전히 덮어쓰고 인생의 제어권마저 손을 놓는 일은 고려해야 한다.

나중에 자세히 이야기하겠지만 회사나 사회의 가치관 및 규칙은 결코 당신을 진정한 의미로 행복하게 해주지 않는다. 그것들은 기본적으로 경쟁 원리에 기인하기 때문이다.

경쟁에서 이기면 돈과 명예가 손에 들어오고 일시적으로 자기평가가 올라갈지도 모른다. 하지만 거기에는 항상 '이번에는 질 수도 있어', '지면 어떻게 될까'와 같은 불안이 따라다닌다. 또 실제로 사람은 영원히 '계속해서 이길' 수는 없다.

경쟁에 이김으로써 얻은 행복은 결코 오래 지속되지 않는 법이다.

또 회사나 사회, 회사나 사회의 규칙을 머릿속에 정립한 타인은 당신에게 '얌전한 톱니바퀴'로 있을 것을 요구하며 그 단일적인 가치관에 근거하여 당신을 일방적으로 판단한다.

회사나 사회로부터의 요구에 응하는 동안에는 그 나름대로 좋은 평가가 내려져 인정받고자 하는 욕구가 충족될 수도 있다. 그러나 경쟁에서 지거나 실수를 하거나 결점이 포착되면 금세 엄격한 평가가 내려진다.

회사에서 요구하는 인재가 되고, 회사에 도움이 된다는 마음가짐도 중요하다. 결코 부정당할 일은 아니다. 하지만 그런 마음은 불공평한 거래에 이용되기 쉬우므로 주의가 필요한 것이다.

특히 젊을 때는 '회사에서 요구하는 대로 수행하기 위해 노력한다'라는 계약 관계가 되기 쉽다. 회사의 규칙을 그대로 수용하여 회사의 시스템대로 움직이며 회사의 요구대로 수행할 능력이 있음을 자신의 정체성으로 만들어버리면 인생의 어느

지점에서 후회하게 될지도 모른다.

예를 들어 은행에서 융자를 담당한 사람이 주위로부터 '우수하다'라는 평가를 받았다고 치자.

그 평가의 기초가 되는 내용이 '취급하는 융자의 금액이 많다', '융자 판단이 적확하다'라는 것뿐이라면 단순히 '은행원으로서 우수하다', '기량이 우수하여 회사에 도움이 된다'라는 점밖에 되지 않는다.

물론 기량이 뛰어난 점은 자랑스러워할 부분이며 기량을 발전시켜 얻는 행복도 중요하다. 하지만 기량은 어디까지나 그 사람의 일면에 지나지 않는다. 상당히 환경 의존적이며 일시적이다.

기량만 잘라 나눠 칭찬을 받는 것은 '돈이 많아서 좋겠다', '얼굴이 귀엽다'라는 말을 듣는 것과 같다.

그리고 회사원으로서의 기량과 가치, 평가가 아무리 높아도 정년퇴직과 동시에 그것들은 사라진다.

중년의 위기에 빠지지 않은 사람이라도 60대 이후가 되면 갑자기 '당신의 인생에 기술과 직업 이외의 기쁨이나 보람은 무엇인가?'라는 질문에 직면하게 된다.

취미다운 취미를 가진 적도 없는 채로 60대가 되어 정년을 맞이한 후 일에서 분리되었을 때, '나에게는 일 외에 하고 싶은 것, 기쁨이나 보람을 찾을 수 있는 것이 아무것도 없다'라고 깨닫는 사람이 많다.

이런 상황은 불공평한 거래에 의해 손해를 보기 쉬운 사람뿐만 아니라 회사나 사회의 규칙을 이용하여 조금이라도 '재미를 본' 사람에게도 동등하게 찾아온다.

중년의 위기나 정년퇴직 후의 허무함에 휩싸이지 않으려면 어떻게 해야 할까? 바로 '회사나 사회가 옳다고 하는 가치관은 어디까지나 타인의 입장에서 생각한 것이며 자신을 진정으로 행복하게 하지 않는다'라는 점을 깨닫는 것이다.
그 가치관이 정말 본인에게 맞는지 인생 어딘가의 타이밍에서 확실히 검증하여 '맞지 않다', '불쾌하다', '필요 없다'라고 느낀 규칙이나 관계성에 NO를 내밀고 자신의 규칙에 근거하여 살아갈 길을 찾을 수밖에 없다.

지금까지 다양한 친구와 환자를 접하면서 느낀 점이 있다. '중년기에 접어들면서 스스로 행복한 인생을 걸어가길 포기한 사람이 많다'는 것이다.

그들 역시 타인(회사나 사회, 부모, 가까운 타인 등)의 가치관과 규칙을 뇌에 정립시켜 그것이 절대적이라 믿는다. 그 가치관과 규칙에 적응하지 못하고 회사나 사회 혹은 가까운 타인으로부터 부정적인 판단을 받은 자신을 '쓸모없는 인간', '능력도 매력도 없다', '행복해질 가치가 없다'라고 여긴다.

당연한 말이지만, 그것은 커다란 착오다.

그들이 생각하는 '행복'은 어느 한 시대의 사회에서 이상이라 여겨져 좋아야 하는 모델 중 하나로 제창된 것에 지나지 않는다. 지금 이 시대를 살아가는 그들의 마음에는 맞지 않으며, 평온함을 가져다주지도 않는다.

오히려 그런 '가짜 행복'을 손에 쥐고 얽매인 채 살아가지 않는다면 더 빠르게 '자신이 진정 원하는 것'을 깨닫고 원하는 바를 추구하여 진짜 행복을 얻을 수 있다.

인생의 시간은 한정되어 있다. 자신을 얽매고 있는 타인의 규칙을 잘라내고 스스로의 규칙에 근거하여 다시 살아갈 타이밍은 빠르면 빠를수록 좋다.

지금이야말로 NO를 말하고
자신의 인생을 되찾을 때다

11

'참는 기술'로 돈을 벌어도 부질없을 뿐이다

매일 [everyday]

'아직 참을성이 부족하다', '아직 참을성이 부족하다'

인간의 뇌는 컴퓨터의 하드디스크와 같다. 부모나 교사, 회사의 상사, 미디어 등에 의해 다양한 소프트(가치관과 규칙)가 설치되어 우리의 사고와 행동의 근본이 된다.

물론 그런 소프트 중에는 이 사회에서 살아가는 데 빠뜨릴 수 없는 것, 도움이 되는 것도 다수 포함되어 있지만 때로는 필요 없는 소프트나 불량 소프트, 컴퓨터에 맞지 않는 소프트도 섞여 있어 컴퓨터의 동작을 둔하게 하거나 불량을 일으킨다.

'인내는 미덕'이라는 이름의 소프트도 그중 하나다.
'인내는 미덕'이라는 말은 타인에게 인내를 강요해야 본인의 상황이 좋아지는 사람들이 제멋대로 만든 규칙에 지나지 않는다.

물론 사회에서 잘 살아남기 위해 '인내'라는 기술이 필요한 경우도 있다. 그러나 그 기술은 단기적으로는 괴롭더라도 장기적으로 그 괴로움을 웃도는 이점이 있을 때에 한해서 발휘되어야 한다.

게다가 대부분의 사람에게 '참는 기술'은 초등학교 졸업(혹은 그에 상당하는)의 경험으로 이미 충분히 갖춰져 있다. 게임으로 말하자면 '수비력'만 돌출된 상태인데 그것을 더욱 높이려고만 하면 육성 전략으로서 그다지 의미가 없다.

수비력만 높은 캐릭터는 적의 공격을 한몸에 받는 샌드백 역할이 되기 쉽고, 그것이 게임의 정석이다. 과연 당신이 바라는 일인가?

'인내'는 어디까지나 손에 쥐고 있는 카드 한 장에 지나지 않는다. 모든 국면을 극복할 수 있는 편리한 방편이 아님을 알아야 한다.

그러나 지금의 일본에서 대부분의 사람은 필요 이상으로 인내를 중시하며 지나치게 참고 있다.

어렸을 때부터 집과 학교에서 "참아라", "다른 사람에게 폐를 끼치면 안 돼"라는 말을 들었거나 '고분고분하고 착한 아이'로 지내면 칭찬받고 제멋대로 말하면 혼나는 경험을 했기 때문에 '인내는 미덕'이라는 가치관과 규칙이 당연시된 것이다.

누가 강제하지도 않는데 스스로 알아서 괴로운 일을 하거나 인내하려 한다. 아무리 힘들어도 자기 자신을 기쁘게 하지 못한다.

야근 수당은커녕 급여조차 충분히 받지 못하는 '블랙기업'에서 엄청난 노동량의 압박으로 몸과 마음 모두 혹사하면서 일하는 사람, 고통밖에 없는(괴롭기 그지없는) 인간관계를 이어가는 사람이 세상에 넘치는 것은 그 때문이다.

그들은 아마 아무리 불합리한 상황에 놓여도 인생에는 참는 것도 중요하다며 자신만 참으면 된다고 판단해, 몸이 힘들다고 비명을 질러도 '이 정도도 참지 못하면 살아갈 수 없어', '아직 참을성이 부족해'라고 생각할 것이다.
그렇게까지 참아온 스스로에 대해 아직 참을성이 부족하다고 생각하는 게 과연 올바른 인식이라 할 수 있을까? 이것은 생존 전략으로서 명백히 잘못되었으며 굉장히 위험한 상태라고 할 수 있다.

인간의 뇌는 자신이 불합리한 상황에 놓여 괴롭다고 느끼면 어떻게든 해서 편안해지려고 한다. 괴로운 상태를 '괴롭다'라고 인식한 채 언제까지고 계속 이어가는 일은 불가능하기 때문이다.

이때 가장 건강한 해결 방법은 불합리한 상황을 바꾸거나 불합리한 상황에서 벗어나는 것이다. 하지만 불합리한 상황을 바꾸거나 불합리한 상황으로부터 도망치는 데에는 커다란 에너지가 필요하다.

상황을 바꾸는 데에는 타인으로의 작용이 불가결하며, 대다수의 사람이 '익숙해진 환경을 버리고 새로운 환경으로 뛰어드는' 일에 불안과 공포를 느끼기 때문이다.

그러면 뇌는 놀랍게도 괴로운 상태에 대한 인식 자체를 바꾸려고 한다. 괴로운 상태를 '괴롭지 않다', '이 정도는 아직 견딜 수 있다'라고 생각하려 하는 것이다. 그러는 편이 환경에 작용하거나 환경으로부터 도망치는 것보다 편하다고 판단하기 때문이다.

인간이 어떤 감정을 드러내지 않으려 하면 그 감정은 퇴화한다고 한다. 분노와 슬픔, 괴로움 등의 감정을 스스로 억제하려 하거나 남에게 내보이지 않고 참는 사이에 자신의 욕구와 기분을 점점 파악할 수 없게 된다.

하지만 이것들은 단지 마음에 뚜껑을 덮은 것에 지나지 않는다. 없었던 일로 한 '본래의 감정'은 뚜껑 아래에 계속하여 쌓이고, 서서히 압력을 더해 언젠가 반드시 폭발한다. 몸과 마음의 상태가 나빠진 것이 회사로 향하는 전철 안에서 갑자기 눈물이 터져 나오듯 표면화되는 것이다.

스트레스에 의해 자율신경이 망가지면 피로감, 식욕 부진, 과식 및 거식, 불면, 과수면, 두드러기, 위통이나 설사, 어깨 결림 등과 같이 몸에 증상이 나타나는 경우도 있고 '우울감에 빠져 매사 흥미나 기쁨이 느껴지지 않는다', '뇌의 움직임이 저하되어 집중력이 떨어지고 사고가 정리되지 않는다', '사소한 일에 짜증이 난다' 등 마음에 증상이 나타나는 경우도 있다.

이런 현상이 나타나면 '이대로라면 당신의 몸과 마음은 무너집니다'라는 알람이 울리고 있는 상태라고 이해하자.

'인내는 미덕'이라는 가치관은 당신이 본래의 감정을 느낄 기회를 뺏고, 억누르며, 지금의 당신에게 진정으로 필요한 것을 판단할 능력을 빼앗는다. 그 폐해는 인내 그 자체로 얻는 이점보다 훨씬 크다. 따라서 얼른 뇌에서 삭제하는 편이 좋다.

또 '인내는 미덕'이라는 가치관이 설치되어 있으면 사람은 대체로 '편안하게 돈을 받는 일'에 죄책감을 느끼기 쉽다.

실제로 남녀노소를 불문하고 "지금 하는 일이 전혀 힘들지 않아 돈을 받는 것이 송구하다"라는 말을 한 사람이 적지 않다.

그런 사람들은 대체로 자기 자신을 점점 '괴로운 환경'에 몰아넣으려 하며 조금이라도 시간이 있으면 곧바로 해야 할 일을 찾으려 한다. 처음엔 힘들었던 일이 조금씩 익숙해지면서 여유가 생기자 새로운 큰일, 괴로운 일을 넣고 마는 것이다.

이런 타입의 사람은 아마 '돈은 고생이나 인내의 대가로 지불받는 것'이라는 사고가 바탕에 깔려 있을 것이다. 그리고 그러한 사고는 부모나 상사와 같은 가까운 타인이 심었을 가능성이 높다.

하지만 냉정히 생각해보자.
급여나 대금은 당신의 시간, 노동력, 능력이나 당신이 만들어낸 가치, 당신이 제공한 상품과 서비스에 대해 지불받는 것이다. 당신이 얼마나 고생했고 참았는지는 일절 상관없다.
우리는 돈과 인내를 거래하는 것이 아니다.

급여나 대금을 받을 때 '이렇게 편하게 돈을 받아도 되는 걸까'와 같은 마음이 떠오르려 한다면 '나는 그만큼의 가치를 만들어냈어' 또는 '나에게는 그만큼의 가치가 있어'라고 고쳐 생각하자.
물론 이제 일을 막 시작했거나 교육 등을 통해 뭔가를 몸에 익혀야 할 때와 같은 업무 현장의 경우 인내가 필요한 일도 있다.
그 경우에도 단지 '신입(교육받는 사람)이니까 참아야 한다'라고
받아들이는 것이 아니라,

* 인내함으로써 내가 얻을 수 있는 것(이점)이 있는가. 그 이
  점을 내가 원하는가. 그 이점이 내가 지불하는 비용(돈, 시
  간, 에너지, 스트레스 등)에 상당하는가.
* 참아야 하는 기간이 정해져 있는가.

를 확실히 판단하자.

만약 지불하는 비용에 상응하는 이점이 없거나, 기간이 정해
져 있지 않거나, 기간이 지나치게 길다면 그것은 불공평한 거
래이므로 NO를 내미는 편이 좋다.

12 죄책감은 제멋대로인 감정이며 그다지 도움이 되지 않는다

배려 [consideration]
남에게 미움받지 않고 상처받지 않기 위한 방어 수단

죄책감이라는 감정은 '인내는 미덕'과 같은 가치관이나 규칙과 더불어 당신에게 불공평한 거래를 강요하는 '내부의 적' 중 하나이다.

사람들은 종종 '나의 말 한마디에 누군가가 상처받았다', '누군가의 부탁을 거절하고 말았다', '부모님의 기대에 부응하지 못했다'라며 죄책감에 빠진다. 그중에는 유급 휴가에조차 죄책감을 느끼는 사람도 있다.

여기에서 중요한 것은 '죄책감은 자기중심적인 감정'이라는 사실이다. 이것은 정신과의인 미즈시마 히로코 선생이 가르쳐주었는데, 처음 들었을 때는 나도 어렴풋하게 느끼고 있던 점이었다.

죄책감이라는 감정에는 '관계를 회복하는 역할이 있다'라는 말이 있지만, 감정에 지나치게 사로잡히면 상대와의 관계가 원만해지기 쉽지 않다.

정말 성가신 감정이다.

물론 고의로 다른 사람의 몸과 마음을 상처입히는 등 명백한 잘못을 저지르면서 죄책감을 느끼지 않는 사람이나 '죄책감은 눈곱만큼도 없이' 난폭한 행동을 하는 사람은 다른 차원의 이야기이므로 여기에서는 다루지 않겠다.

만약 당신 주위에 그런 사람이 있다면 거리를 두는 편이 좋다.

당신이 불공평한 거래나 부자유한 생각을 강요당하는 '타인의 규칙'에 NO를 내밀고 좀 더 자신다운 인생을 살아가기 위해서는 죄책감의 정체를 알고 또 그것에 지나치게 사로잡히지 않아야 한다.

그렇다면 사람은 왜 죄책감을 느끼는 걸까?

모든 감정에는 역할이 있다. 죄책감의 역할은 '관계의 회복'이라고 한다.

'이 사람과의 관계가 악화한 것 같다'라는 위기를 느꼈을 때 자동으로 발휘되는 감정인 것이다.

죄책감에 쉽게 사로잡히는 사람은 타인을 항상 지나치게 배려한다.

죄책감이라는 감정을 분명히 하기 위해 '배려'와 죄책감의 관계에 대해 생각해보고자 한다.

나는 모든 배려는 아래의 두 종류로 나뉜다고 생각한다.

- 타인에게 미움받거나 스스로 상처받지 않기 위한 (방어적인) 배려
- 나보다는 순전히 상대방의 이점만 생각한 배려

그리고 세상에는 전자의 방어적인 배려를 하는 쪽이 압도적으로 많다고 본다.

물론 방어적인 배려는 잘못되지 않았으며, 상대와의 관계를 악화시키지 않기 위해 필요한 것이다. 그러나 이 방어적인 배려가 필요 없는 죄책감을 낳는 원인이 된다.

'누군가에게 상처를 줬다', '부탁을 거절했다', '부모님의 기대에 부응하지 못했다'와 같은 마음은 상대를 생각하는 듯하지만 결국 '나를 싫어하면 어떡하지', '상대를 실망하게 해 상처받고 책망받기 전에 스스로 먼저 미안한 마음을 느끼자'라는 자기방어적인 생각부터 생겨난다는 측면이 있는 것이다.

더욱이 필요 없는 죄책감을 느끼면 사실은 바라지 않는데 상대가 말하는 대로 되는 경우도 있다. 왜냐하면 죄책감은 타인을 제어하는 데 이용되기 쉬운 감정이기 때문이다.

교섭 시 자주 사용되는 심리 테크닉으로서 '처음에는 말도 안되는 요구를 꺼내어 일부러 거절하게 한 다음 상대가 죄책감을 느꼈을 때 실제로 교섭하고 싶은 요구를 제시'하는 것이다. 강매의 경우 이 심리를 교묘하게 이용한다. 처음에는 고액의 상품을 추천하여 몇 번인가 거절하게 한 다음 최종적으로 그것보다 싼, 그러나 애초에 손님은 갖고 싶다고 생각지도 않았던 상품을 사게 한다.

직장에서도 죄책감은 불공평한 거래에 이용되기 쉽다.
유급 휴가를 받는 것, 자기 일이 끝나면 퇴근하는 것 모두 본래는 당연한 권리이다. 하지만 직장의 분위기에 의해 '동료가 일하고 있는데 쉬기 미안하다', '먼저 돌아가기 미안하다'라는 마음이 들거나, 아무리 생각해도 불합리한 업무량임에도 '업무량을 달성하지 못해 기대에 부응하지 못하여 면목이 없다'라는 마음이 들게 된다.

덴마크의 심리학자 일자 샌드는 죄책감의 본질에 대해 다음과 같이 말한다.

"우리가 느끼는 죄책감은 실제로 '타인에게 부정적인 감정을 받는 일에 대한 공포'임을 인식해야 합니다. 다른 사람에게 부정적인 감정을 받는 것에 견디지 못하고 자기 자신의 죄의 의식에도 견디지 못한다면 자신에게 튀는 불똥을 피하고자 생각할 수 있는 것은 무엇이든 하겠지요.

어쩌면 다른 사람에게 들키기 전에 본인의 흠을 들추어내어 자신의 불완전함을 보충하는 데 주력한다는 전략이나, '주위 사람들이 원하는 나'로 있기 위한 전략을 취할지도 모릅니다. 그리고 그 전략이 죄책감이라는 불쾌한 감정을 피하는 데 도움이 되기를 바라죠.

그러나 그 긴장감이 오히려 역효과가 되어 편안함과는 거리가 멀어지게 되는 것입니다."

이렇듯 대인관계에서 죄책감에 사로잡히면 사람은 '면목이 없다'라며 상대와의 관계에서 도피하게 된다.

상대에게 상처를 주는 말을 했거나 상대의 간절한 부탁을 거절했을 때를 예로 들어보자.

상대는 확실히 당신의 말에 일시적으로 상처받거나 화가 났을 수 있다. 또 부탁을 거절받아 곤란했을지도 모른다. 하지만 그와 동시에 당신을 소중한 사람이라고 여기므로 앞으로도 좋은 인간관계를 이어가고 싶다고 생각할지도 모른다.

또는 업무에 치여 직장을 며칠이나 무단결근했다고 가정해보자. 직장 동료들은 어쨌든, 당신에게 사정을 듣고 진척을 확인한 다음 서로 협력하여 문제를 해결하고 싶다고 생각할 것이다.

부모나 친구, 파트너, 동료 등 소중한 상대가 바라는 바를 100% 충족시키지 못했을 때 '미안하다'는 마음이 드는 것은 어쩔 수 없다.
그러나 죄책감을 느낀 나머지 상대를 볼 낯이 없어지거나 솔직한 커뮤니케이션을 취할 수 없다는 결과로 이어지는 것은 조금 터무니없어 보인다.
그것은 얼핏 상대를 생각하는 듯 보이지만 사실 상대의 기분을 완전히 무시한 행위이다. 결국엔 그 누구도 행복해지지 않는다.
관계의 회복을 위한 감정인 죄책감이 관계에 마이너스 작용을 하는 것은 본말이 전도된 일이다. 하지만 죄책감이 이런 상황을 만들어내기 쉬운 성가신 감정이라는 사실을 알아두면 거리를 두기 수월해진다.

그렇다면 죄책감을 제대로 마주하며 시달리지 않기 위해 어떻게 하면 좋을까?

우선, '죄책감은 사실 제멋대로이며 관계 개선에 그다지 도움이 되지 않는 감정이다'라는 점을 전제 지식으로 알아두자. 그러면 '모두 다 내 잘못'이라는 죄책감의 우리에 사로잡혀 처한 상황을 올바르게 판단할 수 없는 리스크는 적어질 것이다.

다음으로 죄책감에 의해 다른 사람에게 제어 당하는 일을 막기 위해 마음속으로 일의 우선순위를 매긴 다음 그 순위대로 충실히 지키고, 필요하다면 제대로 거절할 것.

'촌각을 다투는 환자에게 도움을 요청받은 경우'와 같이 아주 절박하고 긴급한 상황이 아닌 이상 상대의 요구나 기대가 자신이 바라는 것, 자신이 편하다고 느끼는 것이 아닐 때는 마음의 소리를 우선하자.

처음에는 거절하는 것이 두려울 수도 있다. 하지만 거절함으로써 일시적으로 마음속에 죄책감이 생겨났다고 해도, 그것은 치명적인 손상이 되지 않는다.

의외로 아무것도 아닌 일이다.

스스로 바라지 않는 일, 편하지 않은 일을 용기 내서 거절하는 사이에 사람은 조금씩 '거절하는 일'에 익숙해지고, 점점 능숙해지며, 필요 없는 죄책감을 느끼는 일도 없어진다.

반대로 거절이라는 선택지를 계속해서 피하기만 한다면 점점 거절하는 일이 무서워져 거절이라는 행위에 서툴러진다.

'배우기보다 익숙해져라', '일이란 막상 해보면 쉽다'라는 말이 있듯 머릿속으로 이런저런 생각만 하면 공포심만 점점 커진다. 실제로 해보면 의외로 간단히 해낼 수 있는 법이다.

죄책감에 져서 상대가 말하는 대로 되면 후회하거나 자기혐오에 빠져 자기평가가 내려가기 쉽지만, 자신의 마음속 소망을 지켰다면 스스로를 믿고 자신감을 가질 수 있게 된다.

적당히 타인의 상황보다 자신의 상황을 우선시한다.

그런 경험의 축적이 자기를 긍정하는 힘으로 연결되어 타인과 건전한 관계를 구축할 수 있는 기틀이 된다.

죄책감은 타인에게
부정적인 감정을 받는 일에 대한
공포임을 인식하자

●

13 인생은 정도껏 대충 살아도 괜찮다

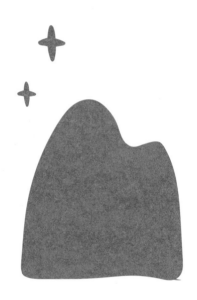

평가 [appraisal]
왕도를 걷기 위한 유지 비용은 꽤 비싸다

불공평한 거래나 일방적인 규칙을 강요하는 인간관계에 NO를 말함과 동시에 당신이 반드시 유념해야 하는 것이 있다.

그것은 '직장이나 사회에게서 옳다고 여겨지는 것을 과도하게 지향하지 않는다', '인간만사 적당히 대충 해도 된다'라는 점이다.

어느 세계에나 '일류', '정통파', '성공한 사람'으로 간주하는 지위나 코스가 있다.

일반 기업이라면 선망의 대상이 되는 부서가 있으며 평사원이라면 계장, 과장, 부장, 상무, 전무와 같은 출세 코스가 있다. 운동선수라면 일군에 들어가는 것, 배우나 연예인이라면 주인공 역할을 맡거나 정규 프로그램을 갖는 것, 작가라면 베스트셀러를 내는 것 등이 일류의 증거로 여겨질 터이다.

그러나 나는 회사나 사회에 의해 일방적으로 매겨진 순위에 따라 모두가 같은 지위나 코스를 지향하는 것에게서 다양한 문제가 발생한다고 생각한다.

'그 코스를 걷고 그 지위를 얻는 것이야말로 좋은 일, 평가받아야 할 일, 훌륭한 일이다'라는 환상이 '타인을 밀어내서라도 승자가 되고 싶다'는 욕망을 낳고 그 이외의 길을 걷는 사람으로 하여금 '이대로 괜찮은가', '나에게 가치가 있는가'와 같은 불안감과 초조함을 느끼게 하기 때문이다.

나는 의사로서 여러 직장에서 일하는 동안 눈치 챈 사실이 있다. 그것은,

'억지로 노력해서 일류나 승자를 지향할 필요는 없다'
'그럭저럭 대충 사는 인생은 꽤 편하다'

라는 점이다.

세상에는 자연스레 '일류', '승자'의 길을 걷는 사람도 있다. 딱히 목표를 설정하여 노력한 것은 아닌데 좋아하는 일, 흥미가 있는 일에 몰두하다 보니 어느새 '일류', '승자'라 불리게 된 경우이다. 여기에서 그런 사람은 별개로 두자.

단지 '회사나 사회가 옳다고 여기니까', '높이 평가받으니까'라는 이유로 자신이 걸어갈 코스나 지향하는 지위를 선택하는

행위는 조금 위험하다고 생각한다.

일류, 승자라 불리는 것은 대다수의 사람이 '좋다', '옳다'라고 판단했으므로 안정적이다. 그러나 결국 그것은 누군가가 정한 가치 기준의 하나에 지나지 않는다.

무언가를 '좋다'라고 판단할 잠정적인 보조선은 되어주지만, 변화가 심한 이 시대에서 죽을 때까지 의지해도 될 만한 절대적인 가치관은 아니라고 생각하는 편이 현실적이다.

참고로 나의 의사 경력은 꽤 특이하다.

'나쁜 길'이라 말해도 좋을 듯하다.

나는 삼수한 끝에 지방의 단과대학에 진학했다.

그 대학은 결코 초일류 명문이라 할 수 없는 학교였다. 하지만 그곳에서 만난 친구들과의 교제는 어린 시절부터 나도 모르게 가지고 있던 '~해야 한다', '~여야 한다'와 같은 쓸데없는 생각을 많이 제거해주었다.

'의사'라고 하면 대부분의 사람은 아마 외과의, 내과의 등을 떠올리기 쉽지만 나는 방사선과의를 선택했다.

방사선과 교수가 인정이 많은 사람이었고 이 교수 아래에서 일하고 싶다고 생각했다. 또 커뮤니케이션이 서툴고 손재주와 체력까지 없는 나라도 소거법으로 고른 방사선과라면 잘 맞을지도 모른다고 생각했기 때문이다.

하지만 소거법으로 선택한 방사선과조차 나에게는 맞지 않았다. 방사선과 의사는 정확성이 요구되는데, 나는 치명적인 실수나 과실이 잦은 인간이었기 때문이다.

후기 연수의로서 소속한 대학병원에서의 근무 태도는 지도 의사에게 '월급 도둑'이라는 말을 들을 정도로 심각했다.

한 번은 실수한 일로 의국 회의에서 지탄을 받은 적도 있다.

여기에서 중요한 점은 '미스 매치'였다는 것이다.

한편으로 나는 가까운 사람들의 자살을 계기로 연수의의 정신건강을 지키는 자조 단체를 동기와 함께 창설했다. 그리고 그 활동에 상당히 보람을 느끼고 있었다.

결국 방사선과 의사를 선택한 지 2년이 지난 후 나는 현내의 시중병원으로 이동하면서 내과의로 전향했다.

방사선과가 맞지 않았던 탓도 있지만, 의료 현장의 근본적인 문제인 매니지먼트에 몰두할 수 있고 보다 일반적으로 의료와 연관되리라 생각했기 때문이다.

병원에 근무하면서 고치의료재생기구라는 의료행정 조직에

서도 일하며 많은 사람의 커리어 상담과 심리 상담을 진행하는 사이에 점차 사람의 인생에 연관되는 일이 재미있다고 느껴졌다.

그 후 나는 도쿄의 '하이즈'라는 의료기관용 경영컨설팅 기업으로 전직하여 3년 정도 근무한 후 지금의 클리닉을 개업하였다.

내 주위의 소중한 사람들이 삶의 고통을 느끼게 되었을 때 안심하고 회복할 수 있는 거점을 만들고 싶었다.

내가 그런 생각을 하다니 이전에는 상상도 할 수 없었다. 하지만 뭐든 해보지 않으면 알 수 없었다. 하고 싶은 일도 자연스레 바뀐다는 사실도 알았다.

참고로 나의 클리닉은 저녁에 오픈하는 야간 진료를 중심으로 한다. 직장인들은 업무를 마친 후 내원할 수 있어 기뻐하지만, 야간 진료를 중심으로 하는 가장 큰 이유는 내가 아침에 일찍 일어나지 못하기 때문이다.

이처럼 나는 하고 싶지 않은 일로부터 도망치고 상대적으로 하고 싶은 일을 우선했다. 그 결과 나의 의사로서의 커리어는 옆길로 빠져 '나쁜 길의 극치'처럼 되어버렸지만 이런 삶이 의외로 살기 쉽다.

결코 의사로서의 '왕도'는 아니지만, 이 길을 걸어오길 잘했다고 생각한다.

모두가 지향하는 코스를 걷고 지위를 손에 넣으면 사람들은 물론 기뻐할 것이다. 하지만 참고 버티는 일이 우선이 되면 자신이 진짜 하고 싶은 일은 뒷전이 되고 만다.

게다가 모두가 지향하는 코스는 안정적이기는 하나, 관계된 사람들이 너무나 많다. 참고 버티려면 모든 사람의 기대에 계속해서 부응해야 한다. 모두가 걷고 싶어 하는 길에는 사람이 밀려들기 때문에 경쟁이 심해질 수밖에 없다.

왕도를 걷기 위한 유지 비용은 이렇게 비싼 법이다.

하지만 그 길에서 조금만 옆으로 새 보면 제법 편안한 세계가 펼쳐져 있기도 하다.

개인적으로 '모두가 다 하는 일이니 나도 제대로 하자'라는 생각이 점점 옅어진 것은 굉장히 좋은 경험이었다.

덕분에 현재진행형으로 점점 게으름 피우는 버릇이 붙고 있다. 엔지니어의 세계에 '태만은 미덕이다'라는 말이 있다고 하는데, 나도 상황에 따라 그것을 채용하고 있다.

게으름 피우는 법을 터득하면 반대로 게을리하고 싶지 않은 것, 대충하고 싶지 않은 것이 명확해진다.

나는 게임을 좋아한다. 〈스플래툰2〉를 2,000시간 이상 계속 플레이해오고 있다(지금도 계속 진행 중이다).

게임을 잘한다고 해서 누가 칭찬하지도 않고 돈을 주지도 않는다. 오히려 게임에 몰두하면 할수록 일에 지장을 주므로 세간의 평가가 내려갈 우려가 충분하다.

하지만 아이처럼 순수하게 게임에 몰두할 수 있는 시간은 나에게 상당히 중요하다.

최근 일하는 시간을 의도적으로 줄여 게임을 할 시간을 확보했다. 그렇게 해야 내 인생이 총체적으로 행복해지리라 판단했기 때문이다.

대부분의 사람은 회사나 사회에서 '옳다'고 여겨지는 길을 걸어야 마땅하다고 믿는다. 그중에는 부모나 주위 사람들에게 기대를 받아 그런 길을 걷는 게 이미 결정되어 도망칠 곳이 없다고 느끼는 사람도 있다. 하지만 그런 일은 없다.

모두가 마땅하다고 여기는 것을 선택하지 않고 조금만 이기적인 생각을 해보는 일은 누구나 할 수 있다. 그때 얻을 수 있는 것이 스스로 편안하다고 판단된다면 회사나 사회에 의해 정해진 코스에서 벗어나도 전혀 문제없다.

시간과 에너지의 재분배

14 나의 규칙으로 살아가기 위해 시간과 에너지를 재분배한다

시간 [time]
타인의 규칙에 얽매인 시간을 재분배한다

———————

지금 이 사회에는 타인의 규칙과 가치관, 인간관계에 얽매여 삶의 고충을 안고 있는 사람들이 많다. 따라서 조금이라도 더 많은 사람이 자신의 규칙에 따른 생활과 인생을 되찾고 자신의 이야기를 살아갔으면 한다.

그것이 내가 이 책을 쓰는 이유이다.
그리고 지금까지,

- 나와 타인 사이의 경계선, 내가 책임지고 지켜야 할 영역을 확실히 의식한 다음 내가 타인의 선을 넘거나 타인이 나의 선을 넘어오는 일에 민감해질 것.
- 부지불식간에 나의 뇌 안에 설치된 타인과 사회에게 강요받은 가치관 및 규칙을 되돌아보고 불공평한 거래를 알아차릴 것.
- 반복해서 선을 넘어오는 사람이나 불공평한 거래를 제안하는 사람과는 되도록 거리를 둘 것.

등 우선은 '인간관계를 재검토하는 법', '회사와 사회의 가치관 및 규칙을 재검토하는 법'에 대해 이야기했다.

'나의 규칙으로 살아간다'는 것은 구체적으로 어떤 뜻일까. 또 어떻게 하면 실현할 수 있을까.

솔직히 말로 설명하기는 매우 어렵다. 사람은 각각 자신만의 규칙이 다르고, 그 규칙과 생활 방식을 찾는 방법이 절대적으로 명확하지도 않기 때문이다.

자신의 규칙과 삶의 방식을 찾아내는 일은 어렵고 시간이 걸린다. 갑자기 내일부터 100% 자신만의 규칙대로 살아갈 수 있는 것도 아니다.

그렇다고 해서 귀찮아하며 아무것도 하지 않는다면 영원히 자신의 규칙은 찾을 수 없다.

그렇다면 어떻게 해야 할까?

수많은 고민 끝에 내가 도출해낸 답은 '우선 자신에게 맞지 않는 것, 하고 싶지 않은 것을 찾아 NO를 말하는 것부터 시작한다'이다.

소극적으로 보이지만 누구나 내일부터라도 당장 시작할 수 있는 방법이다.

혹시 당신은 지금 많은 시간을 타인의 규칙을 위해 할애하고 있지 않은가. 예를 들면 아래와 같은 경우이다.

타인과 회사로부터 부정적인 평가를 받고 '나는 역시 쓸모없다'라며 침울해하는 시간.
사실은 경쟁하고 싶지 않은데 타인과 겨루기 위해 허비해야 하는 시간.
내키지 않는 부탁이나 의미 없는 회의, 시시한 회식에 낭비해야 하는 시간.
SNS의 '좋아요'처럼 딱히 하고 싶지 않은데 남의 눈을 신경 써 의무감만으로 뭔가를 하는 시간.

가령 월요일부터 금요일까지 하루에 3시간씩 그런 일에 사용한다면 일주일에 15시간, 한 달에 약 60시간, 1년에 약 720시간을 타인의 규칙을 위해 소비하는 셈이 된다.
그것이 쌓여 10년이면 7,200시간, 30년이면 2만1600시간이다. 22세부터 65세까지 43년간 일한다고 치면 그 사이의 합계는 3만960시간이며 그것을 24시간으로 나누면 1,290일, 실로 3년 5개월분에 상당한다.
자신에게 맞지 않는 것, 하고 싶지 않은 것에 제대로 NO를 말하고 또 멀리할 수 있다면 그 시간을 타인에게 빼앗기는 상황을 조금씩 막을 수 있다.

자신에게 맞지 않는 것, 하고 싶지 않은 것이 명확해지면 반대로 자신에게 맞는 것, 하고 싶은 것도 알기 쉬워진다.

그다음에는 되찾은 시간과 에너지를 그 누구도 아닌 자신을 위해 사용하자. 진심으로 즐겁다고 생각하는 것과 편안하게 여기는 것에 사용해보자.

자신의 규칙으로 살아가는 것, 자신의 이야기를 살아가는 것은 결국 자신을 기쁘게 만드는 시간과 에너지를 최대한 늘려가는 일이라고 생각한다.

다음 장부터 바로 어떤 일에 NO를 말하면 좋을지 구체적으로 알아보자.

말할 것까지도 없지만, 자신의 규칙으로 살아간다고 해서 결코 '타인을 신경 쓰지 않고 제멋대로 행동하며 모든 일을 본인 마음대로 하는 것'이 아니다.

본인의 규칙만 내세우고 주위에 제멋대로 요구를 들이대는 것은 타인의 선을 넘어가는 일이다. 당신이 당신의 규칙으로 살아가기 위해 타인이 타인의 규칙으로 살아가는 일을 방해해서는 안 된다.

자타의 경계선. 자신의 영역과 타인의 영역을 서로 존중하며
공평한 관계성을 유지하려고 노력하는 모습.
바로 자신의 규칙으로 살아가는 데 있어 매우 중요한 매너다.

15

'그래서 나는 안 돼' 병을 치료하고
자신의 이야기를 걷는다

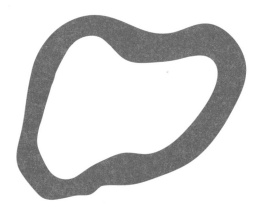

인생 [life]

인생에는 '사건'과 '해석'이 있다

———————

당신이 스스로의 규칙으로 살아가는 데 방해되는 것, 당신의 시간을 빼앗는 것은 세상에도 그리고 당신의 안에도 많이 있다.

이번에는 우선 그중 하나인 '그래서 나는 안 돼' 병(DWD병(옮긴이 주-Dakara Watashiwa Damenanda, '그래서 나는 안 돼'라는 뜻의 일본어로 DWD는 머리글자를 딴 것))에 대해 이야기하고자 한다.

인생이라는 이야기에는 '사건'과 '해석'이 있다.

'좋아하는 사람과 사귀게 되었다', '목표한 학교에 입학했다', '원하는 직장에 취업했다', '업무에서 커다란 성과를 냈다'와 같은 것은 모두 사건에 해당한다. 이런 사건은 해석에 따라 가치가 크게 바뀐다.

만약 어떤 사람이 게이오 대학에 들어가고 싶어 열심히 노력한 결과 보기 좋게 합격했다고 치자.

대부분의 사람은 이에 대해 '노력한 대가를 보상받아 행복하다'라고 해석하여 인생이라는 이야기 안에 성공 체험, 빛나는 에피소드로 자리매김할 것이다.

하지만 세상에는 이런 일조차 '어쩌다 게이오 대학에 들어갔다. 입학 당시에 기쁘기는 했다. 하지만 그곳에서 만난 친구들은 나보다 훨씬 우수해서 내가 아무리 노력해도 쫓아가지 못한다. 열등감에 괴롭기만 하다. 그래서 나는 안 된다. 게이오 대학 같은 데는 오히려 들어가지 말았어야 했다'라며 부정적으로 생각하는 사람이 있다.

피나는 노력을 해서 그에 대한 보상을 받았음에도 자신을 인정하지 못하는 것이다.

아무리 훌륭한 일을 해냈어도 그 해석이 부정적이면 가치는 없어지고 그간의 노력도 허사가 된다. 이런 사람은 입학한 대학이 하버드건, 스탠포드건 같은 해석을 한다.

더욱 좋은 방향을 지향하여 발휘한 노력은 그만큼 귀중하며 칭찬받아 마땅하다.
단, 그것을 스스로 인정하지 못하는 것은 슬픈 일이다. 바라건

대 그 과정의 해석을 긍정적으로 바라보았으면 한다.

설령 좋은 결과로 이어지지 못했다 하더라도 '노력한 만큼 내 안의 양식이 되었다', '그만큼 노력했으니 지금의 내가 있다', '그만큼 노력했으니 스스로를 칭찬하고 싶다'와 같이 생각할 수 있다면 그 노력에는 커다란 의미가 있으며 절대로 헛되지 않다.

그러나 자신을 인정하지 못하면 아무리 노력을 거듭한다 해도 스스로를 긍정하기는커녕 오히려 '그만큼 노력했는데도 아직 이 정도라니, 그래서 나는 안 돼'라며 자기평가가 더욱 내려갈지도 모른다.
그런 부정적인 해석은 아무런 득이 되지 않으며 손에서 놓아야 한다.

참고로 나는 훌륭히 해낸 일, 노력, 실적을 반드시 부정적인 의미로 해석해서

'모두 다 내가 못난 탓이다'
'그래서 나는 안 돼'
라는 결론으로 이끌어내 자신의 이야기를 비참하게 만들어버

리는 사고방식의 버릇을 '그래서 나는 안 돼' 병(DWD병)이라고 부른다.

DWD병에 걸린 사람은 있는 그대로의 자신을 긍정하지 못한다. '결점투성이에다 못하는 것이 많아도 존재 그 자체로 나에게는 가치가 있다'라고 생각할 수 없기 때문에 타인이 가치를 인정해줄 법한 그럴싸한 간판(학교나 직업)을 추구하기 쉽다.

하지만 노력한 끝에 낸 성과를 인정받고 칭찬받았을 때 상승하는 것은 '나는 ~을 할 수 있다'라는 자기효능감이나 자기평가이다. 그것은 '누가 뭐라 해도 나는 나니까 괜찮아'라는 자기긍정감과는 다르다.

그럴싸한 간판을 얻었을 때 일시적으로는 만족하여 자신감도 생기고 자기평가도 올라갈지 모른다.

하지만 그런 간판은 사실 스스로 진정 원하는 바가 아니며 부모와 같은 타인의 평가를 충족시키기 위한 것이므로 본인의 마음은 채워지지 않는다.

간판은 어디까지나 간판에 지나지 않는다. 그 사람의 존재 가치와는 전혀 관계없기 때문에 칭찬을 받아도 '기쁘지만 뭔가 부족하다'라는 생각이 지워지지 않는다. 그리고 시간이 지날수록 그 생각은 점점 더 부풀어 오른다.

게다가 많은 사람이 가치를 인정하는 간판은 당연히 인기가 많으니 필시 경쟁이 따라다닐 수밖에 없어 '타인과의 비교'가 발생한다.

세상은 넓고 뛰는 놈 위에 나는 놈이 있으므로 타인과의 비교나 경쟁이 계속되는 한 마음으로부터 만족할 수는 없다.

그 때문에 아무리 노력하여 훌륭한 간판을 손에 넣었다 하더라도 경쟁에서 지거나 일이 잘 풀리지 않으면 곧바로 '그래서 나는 안 돼'라고 생각한다.

이것이 DWD병의 메커니즘이다.

소위 '엘리트'라 불리는 이들 중에도 지위나 연봉, 세간의 평가, 자존심 등은 높지만 자기긍정감은 없으며 자신의 이야기를 살아가지 못하는 DWD병에 걸린 사람이 많다.

그들이 열심히 미션을 클리어하면 할수록 세상으로부터의 평가만이 높아질 뿐이다. 마치 공허한 풍선처럼 점점 부풀어만 간다.

그 풍선이 바늘귀만 한 작은 실수로 터졌을 때 '그래서 나는 안 돼'라며 괴로워하고 침울해하기 쉽다.

원하지 않는 것, 마음을 충실하게 채우지 못하는 것, 행복하게 해주지 않는 것을 위해 인생의 귀중한 시간을 낭비하거나 일희일비하는 일을 막기 위해서는 이 DWD병을 치료할 필요가 있다.

다른 수많은 병과 마찬가지로 DWD병 치료의 첫걸음은 병을 인식하는 것부터 시작된다.

DWD병은 뇌 깊숙한 곳에 숨어 있으며 마음대로 발동하는 탓에 알아채기 어렵다. 뭔가에 실패했거나 일이 잘 풀리지 않을 때 자신의 사고를 주의 깊게 관찰해보자.

'그래서 나는 안 돼', '역시 나는 가치가 없어'와 같은 생각이 떠오른다면 당신은 DWD병을 앓고 있을 가능성이 있다.

스스로 생각했을 때 실패했다거나 잘 풀리지 않았다고 판단되는 일이 있다면 믿을 만한 상대에게 털어놓는 것도 좋다.

어쩌면 상대에게 이야기하는 사이에 스스로 '그래서 나는 안 돼'라는 생각에 사로잡혀 있다는 사실을 깨달을지도 모른다.

혹은 상대방으로부터 '그건 딱히 실패라고 생각하지 않는다'라는 피드백을 받거나 '좋은 경험을 했네'라는 뜻밖의 해석을 들을지도 모른다.

설령 상대방에게 구체적인 피드백을 받지 않더라도 '다른 사람에게 나의 실패와 결점에 관해 이야기하고 수용받는' 일이 가능해지면 그것만으로 사람은 구원받으며 조금씩 자신을 긍정할 수 있게 된다.

내가 운영하는 클리닉에는 개업 초기부터 사무 업무를 담당하고 있는 K씨라는 여성 직원이 있다. 노력파인 그녀는 내신 등급이 높은 대학을 졸업했는데도 좀처럼 자신을 긍정하지 못했다.
상당히 우수하고 사무 수행 능력도 높은데 '좋은 의미'로 어리바리한 면이 있어 한두 달에 한 번꼴로 꽤 큰 실수를 했다.

예를 들면 이런 일이다. 클리닉 개업 초기에 K씨는 모든 서류 작성의 기초가 되는 마스터 베이스를 만드는 업무를 했다. 그런데 작업 중 전화번호와 계좌번호가 틀리는 바람에 잘못된 서류가 양산된 적이 있었다.
물론 K씨는 굉장히 미안해하며 연신 사과했지만, 누구도 그녀를 탓하지 않고 "또 K씨다운 일을 저질렀네"라며 웃었다.
실수를 숨기지 않고 내보이며 서로 책망하지 않고 오히려 감싸서 웃어넘기는 소통을 반복한 결과, 아무리 노력해도 스스로 자신감이 없던 K씨도 최근엔 '이전보다 사는 게 편해졌다'라고 느끼는 듯했다.

DWD병을 극복하기 위해 필요한 것은 자신의 결점과 나약함을 부정하기 위한 노력이 아니다. 때로는 신뢰하고 안심할 수 있는 타인의 힘을 빌려 자신의 '열등한 부분'을 조금씩 받아들이는 것이다.

'그래서 나는 안 돼'라며 침울해하거나 세상의 평가에 일희일비하는 시간이 줄어들고 '허점도 사랑해야 할 나의 일부'라고 느끼며 그런 자신을 있는 그대로 인정해주는 사람들과 지내는 시간이 늘어나면, 어떤 실패를 하더라도 즐겁게 넘길 수 있고 괴롭거나 힘든 일도 긍정적으로 해석할 수 있게 된다.
그것이야말로 세상에 둘도 없는 당신만의 이야기를 살아가는 것이다.

부정적 해석은
손에서 놓아주자

16 경쟁의 세계에서 적절한 거리를 둔다

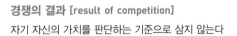

경쟁의 결과 [result of competition]
자기 자신의 가치를 판단하는 기준으로 삼지 않는다

약간 재수 없게 들릴지 모르겠지만 나는 지금까지 경쟁 사회 속에서 그럭저럭 잘 살아남아 온 편이라고 생각한다.

삼수는 했지만, 의학부 수험도 어떻게든 패스했고 경합이 치열한 지역에서 클리닉을 개업한 것치고는 망하지 않고 운영해오고 있다.

20대 전반까지는 경쟁에서 이겨 얻은 것에 의해 자기애를 유지해온 부분이 있었다. '칭찬받고 싶다', '인정받고 싶다'라는 마음이 내가 무언가를 할 때 커다란 원동력이 되었다.

인간에게는 애초에 투쟁 본능과 승인 욕구가 갖춰져 있다. 따라서 경쟁하거나 타인의 평가를 받으면 대부분의 사람은 열정이 솟아오르고 의욕이 자극되어 다양한 기능을 빨리 습득하기도 한다.

물론 그중에는 경쟁을 싫어하는 사람도 있을 것이다. 하지만 그런 사람이라도 자신이 한 일이나 재능이 평가되면 기쁜 마음이 들 수밖에 없다. 트럼프나 대전 게임을 하며 놀 때도 그 나름대로 즐기거나 열중하는 것처럼 말이다.

이처럼 경쟁에는 좋은 면도 있지만, 한편으로 사람에게 미치는 폐해도 많다.

우리는 태어날 때부터 항상 경쟁에 놓이고 타인에게 평가받는다.
집에서는 형제와 됨됨이의 정도로 비교당하고 학교에서는 동급생과 공부나 운동 성적으로 경쟁한다. 조금이라도 좋은 학교나 회사에 들어가기 위해 시험으로 다른 수험생과 경쟁한다. 회사에 들어가면 출세 경쟁과 상사로부터의 평가가 기다리고 있다.

최근에는 '실력주의'를 강조하는 기업도 적지 않다. 실력주의라고 하면 언뜻 평등한 느낌도 들지만 동시에 '끊임없이 경쟁해야 하는' 일이기도 하다.
항상 경쟁과 평가에 놓이는 사이, 사람들에게는 자연히 '경쟁에 이겨야 한다', '일류가 아니면 가치 없다'라는 가치관이 심어진다.

경쟁에 이겨 높은 평가를 받으면 자존심과 승인 욕구, 명예욕이 충족된다. 하지만 세상에는 반드시 뛰는 놈 위에 나는 놈이 있고 몸과 마음의 상태라는 것도 항상 좋기만 하지도 않다. 어떤 초일류 선수라도 영원히 계속해서 이길 수는 없으며 아무리 강해 보이는 사람이라도 인생의 어딘가에서 반드시 '약자'가 되기 마련이다.

그리고 경쟁에 지고 평가가 떨어지면 '나는 쓸모없는 인간이다', '나에게는 가치가 없다'라고 생각한다. 실제로는 경쟁에 지든 타인의 평가가 낮든 그 사람의 존재 자체의 가치와는 전혀 관계가 없는데, 무심코 혼동하는 것이다.

이런 이야기를 하면 '다들 자기 좋을 대로 이야기하는 법이다', '타인의 평가 같은 건 신경 쓰지 말고 자신의 평가는 스스로 내리면 된다'라고 생각하는 사람도 있을지 모른다. 하지만 스스로에 대한 평가의 기준이 너무 높은 경우도 역시 마찬가지이다.

특히 주위 어른들로부터 '됨됨이가 좋은' 형제와 비교당하거나 부당하게 낮은 평가를 받아온 사람, 혹은 항상 완벽함과 우수함을 요구받아온 사람은 있는 그대로의 자신, 열심히 하지 않은 자신을 긍정할 수 없다. 항상 아슬아슬할 때까지 자신을 궁지로 몰아넣는 일이 상당히 많다.

앞에서도 이야기했듯이 자기긍정감이란 '완벽하거나 우수하지 않아도, 경쟁에서 저도, 나는 이걸로 됐다', '나는 나라서 좋다'라는 감각을 말한다.

자기긍정감이 없는 사람은 매우 착하고, 노력파이고, 현명하고, 일을 잘하는 등 뛰어난 점이 많고 주위로부터의 평가가 높은데도 '나 따위'라는 말버릇을 가지고 있다.
다른 사람들은 '이제 충분하지 않아?', '그 이상 뭘 원해?'라며 자칫 불쾌하게 생각할 수도 있는데 본인은 사뭇 진지하다.

그리고 스스로를 긍정할 수 없기 때문에 '우수하다', '성적이 좋다'라는 평가를 통해 타인에게 긍정받음으로써 '나에게 가치가 있다'는 사실을 증명하려 하므로 공부나 일에 깊이 빠져들기 쉽다. 그야말로 광적이라고 말할 만큼 노력하는 것이다.

그러나 그런 사람은 아무리 좋은 학교에 들어가고 중요한 직위에 발탁되어 성과를 올렸다 하더라도 '기쁘다', '인정받았다'라며 기뻐하기보다 '어떻게든 할당량을 달성했으니 한숨 돌렸다'라고 생각한다.

기쁨보다 안심인 것이다.

그 안심조차도 잠깐에 지나지 않는다. 곧바로 '다음에도 잘할 수 있을까', '나보다 우수한 사람이 나타나서 내 존재 가치가 없어지지는 않을까'라는 불안감에 휩싸인다.

경쟁 세계 속에서 평가의 압박에 항상 놓여 있는 동안에는 시간이 아무리 지나도 '이걸로 됐다'라는 생각을 할 수 없는 것이다.

참고로 돈이나 명예, 지위, 집, 차와 같은 소유물처럼 타인과의 비교로 만족감을 얻을 수 있는 것을 '지위재', 자유나 건강, 애정 등 타인과 비교하지 않아도 만족감을 얻을 수 있는 것을 '비지위재'라고 한다.

이 중 경쟁에 의해 손에 넣을 수 있는 것은 지위재뿐이다. 비지위재는 경쟁이나 평가와는 상관없는 곳에서 얻을 수 있다.

그리고 '호화 저택을 지었다', '고급 자동차를 샀다'와 같은 지위재에 의한 행복은 비지위재에 의한 행복과 비교했을 때 오래 지속되지 않는다는 점이 밝혀졌다.

지위재와 비지위재는 수레의 양 바퀴와 같다. 지위재에 의해 손에 넣은 단기적인 행복도 물론 부정하지 않는다.

단, 사람을 장기적으로 진정하게 행복하게 해주는 것은 비지위재에 의해 얻은 만족감이다.

그래서 나는 '경쟁 세계와의 관계를 한번 되돌아보고 적절한 거리에서 관여하는 것'은 행복하게 살기 위해 꽤 중요한 요건이라고 생각한다.

경쟁을 얼마나 즐길 수 있는지는 사람에 따라 다르다.

계속해서 지더라도 승부를 겨루는 일이 즐거워서 견딜 수 없는 사람은 좋아하는 만큼만 관여하면 된다.

하지만 당신이 그런 타입이 아니라면 때로는 경쟁을 즐기거나 타인의 평가에 희비를 느끼는 일이 있더라도 어디까지나 '인생의 조미료' 정도라고 생각하며 자신의 가치를 판단하는 기준으로 삼지 않는 편이 현명하다.

그리고 경쟁 및 평가와는 관계없는 사람 혹은 세계와의 유대를 소중히 여길 것.

자신 안의 '결손된 부분'을 그대로 받아들여 사랑해주는 사람과 만날 수 있다면 최고다.

'결손된 부분'이란 '뻥 뚫린 부분', '뒤틀린 부분'이며 '아름다움' 이나 '우수함'과는 달라 타인과의 경쟁 대상이 되지 않는 부분 이기도 하다.

경쟁 세계로부터 적절한 거리를 둔 다음 자신의 뻥 뚫린 부분, 뒤틀린 부분을 재미있어하고 사랑해주는 사람을 만나 스스로 도 그런 결손을 인정하게 되었을 때 사람은 이윽고 '완벽하거 나 우수하지 않아도, 경쟁에 지더라도 나는 이걸로 충분해', '나는 나라서 다행이야'라는 마음을 가질 수 있으며 자신의 이 야기를 살아갈 수 있다.

나도 어느 시기부터 경쟁적인 세계관이 완전히 싫어졌다. 한 번 이겨도 경쟁은 끝나지 않고 영원히 계속되며 끝이 없다 는 사실을 알았기 때문이다. 계속해서 이겨야 유지할 수 있는 가치와 지위는 매우 비싼 값을 치러야 하며 쉽게 지친다.

지금의 나는 의사로서 이른바 '왕도 커리어'와는 상당이 동떨 어진 곳을 굴러가고 있지만 그렇다고 해서 사는 데 그다지 지 장이 있지도 않다. 오히려 옛날보다 꽤 살기 쉬워졌다고 절실 히 느낀다.

이것은 친구가 가르쳐준 사실인데, 뉴질랜드나 오스트레일리아의 등산 코스에는 메인 루트에 정상이 포함되어 있지 않다고 한다. 정상으로 향하는 길은 어디까지나 '잠시 들르는 길'로 취급한다고 한다.

정점을 지향하는 것이 선세가 아닌 '잠시 들르는 길'의 하나로 여기는 사고방식이 얼마나 우아하고 본질을 꿰뚫는 생각인가.

경쟁 세계와의 거리두기는
자신의 이야기를 살아갈 수 있는 기회

17   '하고 싶은 일이 있다는 건
좋은 것이다'라는 생각을 버린다

유행 [trend]

'하고 싶은 일'을 과도하게 원하는지도 모른다

세상에는 언뜻 긍정적이고 반론하기 어려운, 그래서 슬그머니 사람을 애먹게 하는 말이나 사고방식이 있다.

그중 하나가 '하고 싶은 일이나 미래의 꿈, 희망, 목표가 있다는 건 좋은 일이다'라는 사고방식이다.

오늘의 일본 사회는 남녀노소를 불문하고 모두에게 '하고 싶은 일'이 있어야 한다고 과도하게 요구하고 있다.

어린 시절에는 부모나 학교로부터 "장래 희망은?"이라는 질문을 시도 때도 없이 받는다. 취직을 하면 "회사를 위해 무엇을 할 수 있고 무엇을 하고 싶은가?"라는 질문을 받으며 정년퇴직 후에는 "제2의 인생이 시작되면 무엇을 하고 싶은가?"라고 추궁받는다.

'하고 싶은 일이 있다는 건 좋은 일이다', '하고 싶은 일이 있는 건 당연하다'라는 생각이 만연하고, 모두가 그러리라 여기는 사람이 너무나 많다.

하지만 정말 하고 싶은 일이라는 것은 그리 간단히 찾을 수 없다. 오히려 '무슨 일이 있어도 하고 싶은 일이 있는' 사람이 행운일 정도이다.

따라서 하고 싶은 일을 찾지 못한 사람도 세상에는 많다.
그들의 대부분은 "하고 싶은 일은 없는가?"라는 질문에 "딱히 없다", "아직 찾지 못했다"라고 대답할 때마다 마치 잘못이라도 저지른 듯한 기분이 되어 '하고 싶은 일이 없는 내가 잘못되었다'라며 자신을 부정하고 만다.

하고 싶은 일이 있으면 살아가는 게 조금은 편해지는 건 확실하다.
여행을 떠났을 때 무작정 떠돌아다니는 것보다 목적지가 정해져 있는 편이 시간 낭비 없이 심플하게 행동할 수 있듯 인생의 목표가 정해져 있으면 일상생활에서 해야 할 일이 명확하기 때문이다.
하고 싶은 일을 위한 노력은 활력의 원천이 되고 그로 인해 충실감과 성취감도 얻기 쉽다.

단 '하고 싶은 일'이 반드시 필요하지는 않다. '하고 싶은 일이 있다는 건 좋은 일이다'라는 사고방식은 누군가가 마음대로 정한 가치관, 단순히 지금 만연해 있을 뿐인 가치관에 지나지 않는다.

어디까지나 상상일 뿐이지만, 조몬 시대(옮긴이 주—기원전 14000년경부터 기원전 10세기경까지에 해당하는 일본 선사 시대의 명칭)나 야요이 시대(옮긴이 주—기원전 10세기경부터 기원후 3세기 중반까지에 해당하는 일본 선사 시대의 명칭)의 사람들은 과연 '내가 하고 싶은 일은 무엇인가'라는 생각을 했을까?
'하고 싶은 일이 없는 나는 가치가 없다'라고 생각했을까?
하고 싶은 일이 없어도 사람은 충분히 살아갈 수 있으며 하고 싶은 일이 있는지에 따라 사람의 가치가 바뀌는 일은 없다.

한편 아무리 '하고 싶은 일'이 있어도 그것이 '진짜 본인이 하고 싶은 일'이 아니라면 도리어 자신을 괴롭게 만든다.
예를 들어 나는 다음과 같은 이야기를 종종 듣는다.

"어릴 때부터 부모님에게 '열심히 공부해서 좋은 대학에 들어가 반드시 은행에 취업해야 한다'라는 말을 귀에 못이 박히게 들었다. 열심히 노력해서 거대 은행에 취직했지만 아무리 해도 기업 문화에 어우러지지 못해 바로 퇴사했다. 지금까지 은행 취직만을 목표로 살아왔는데 앞으로 뭘 해야 할지 모르겠다. 내 인생이 아무런 의미도 없이 시시하게 느껴져 견딜 수가 없다."

"취업하면 기를 쓰고 일해서 출세하여 돈을 모으는 일이 내 인생의 꿈이자 목표이자 완수할 역할이라 믿으며 지금까지 살아왔다. 그런데 어느 정도 출세했고 재산도 모았지만 뭔가 이건 아닌 것 같다. 인생이란 이런 건가. 이것이 내가 정말 원하는 인생인지 최근 문득 생각하게 되었다."

또 나는 지금까지 '이쪽이 더 풍족해요'라고 표시된 길을 열심히 더듬어가며 노력한 결과 모든 것을 얻었지만 어딘가 허무함을 느껴 '풍족함이 뭐였더라' 하고 고민하는 이들을 많이 봐왔다.

그들에게는 모두 부모나 사회 등 타인의 가치관에 근거한 '하고 싶은 일'을 좇고 있다는 공통점이 있다.

타인의 가치관을 기초로 한 '하고 싶은 일'은 대체로 지위재 소유를 목적으로 한 것이며 격심한 경쟁 코스를 걷게 되기 십상이다.

그리고 그것들은 일시적인 인생의 목표나 충실감, 성취감, 만족감 등을 주기는 하지만 장기적인 행복을 초래한다는 약속까지는 해주지 않는다.

그러나 사람은 좀처럼 '자신이 정말 하고 싶은 일'과 '타인에게 강요된 하고 싶은 일'을 구별하지 못한다.
어린 시절부터 '누군가가 정한 가치관' 속에서 살다 보면 그 가치관이 당연해져 설령 강요받은 일일지언정 '스스로 하고 싶다고 생각한 일'이라고 착각하기 쉽다.

그래서 젊을 때는 '강요받은 하고 싶은 일'을 열심히 추구하긴 했지만, 어느 정도 목표를 달성했을 때 혹은 문득 인생을 되돌아봤을 때 '내가 하고 싶었던 일이 정말 이것인가', '내 인생은 올바른 길을 걸어왔나'와 같은 의문이 마음속에 스멀스멀 피어오른다.
앞에서도 이야기했지만, 그것이 '중년의 위기(미드라이프 크라이시스)'의 원인 중 하나라고 나는 생각한다.

그런데 나는 '하고 싶은 일을 찾지 못한' 대부분의 사람은 어쩌면 '타인에게 강요받은 하고 싶은 일'에 속고 있는 것은 아닐까 의문이 들기도 한다.
곰곰이 자신의 마음을 들여다보면 아마 누구에게라도 많든 적든 '하고 싶은 일'은 잠들어 있을 것이다.

예를 들면, '선두에 서서 일을 진척시키기 어렵거나 구체적으로 하고 싶은 일은 없지만, 이인자나 서포터 역할은 좋은' 경우나 '제로부터 아이디어를 내는 것은 어렵지만 누군가 꺼낸 아이디어를 착실히 실현해나가는 일을 좋아하는' 경우.

이 또한 훌륭한 '하고 싶은 일'이다. 선두에 선 사람이나 아이디어를 처음 낸 사람뿐만 아니라 옆에서 서포트하는 사람, 아이디어를 실현하는 사람이 없으면 일이란 결코 형태로 만들어지지 않는다.
하지만 입사 시험의 면접에서 '소극적이다', '너무 막연하다'라는 판단을 들을 법한 태도로 여겨지기 때문에 좀처럼 자신의 마음을 입 밖으로 꺼내지 못하는 것은 아닐까.

혹은 '온종일 자고 싶다'는 사람이 있는가 하면 '온종일 멍하니 바다를 바라보고 싶다', '평생 게임만 하며 살고 싶다', '평생 노래하며 살고 싶다'라는 사람도 있을 것이다.

사람에게는 타인에게 평가받기 쉬운 것, 칭찬받기 쉬운 것에 자신을 맞추는 습성이 있다.

따라서 지금 열거한 바와 같은 '자신이 정말 하고 싶은 일이지만 타인에게 평가받기 어려울 법한 일'을 '하고 싶은 일'로 인정하지 못하는 것이다.

그렇다고 해서 '강요받은 하고 싶은 일'에도 푹 빠지지 못해 '하고 싶은 일을 찾을 수 없다'라는 결론에 이르는 경우도 적지 않다.

그러나 사람이 정말 행복해지기 위해서는 타인이 납득할 이야기가 아닌 스스로 납득할 이야기를 살아갈 필요가 있다.

그리고 자신의 정직한 기분을 인정하는 일이 바로 그 첫걸음이다.

때로는 타인을 싫어해도,
타인을 험담해도 좋다

18 부탁받은 일은 일단 가지고 돌아온다

부담 [burdens]
타인에 의해 점점 소비되어 정신까지 깎여간다

당신 인생의 시간을 빼앗는 '타인의 규칙' 중 가장 흔하면서 가장 성가신 것이 '타인의 부탁'과 '내키지 않는 권유'이다.

특히 타이틀에 끌려 이 책을 읽는 사람의 대부분은 타인에게 부탁받는 일이 많거나 모임에 권유받는 일이 잦을 것이다.

물론 당신이 정말 하고 싶은 일이거나 참가하고 싶은 모임이며, 당신의 에너지와 시간에 여유가 있다면 전혀 문제가 되지 않는다. 하지만 기꺼이 받아들이고 싶은 부탁, 기꺼이 참가하고 싶은 모임은 아마 극히 일부일 터이다.

실제로는 '가능하면 받아들이고 싶지 않고, 그다지 흥미가 가지 않으며, 업무나 해야 하는 일 때문에 이미 스케줄이 꽉 차 있어 여유가 없는' 경우가 많으리라 생각된다.

하지만 그런 상황에서도 NO를 말하지 못한 채 내키지 않는 부탁과 권유를 받아들이고 마는 사람이 적지 않다.

한두 번이면 괜찮지만 여러 번 계속되면 본래 자신을 위해 써야 할 시간과 에너지가 타인에 의해 점점 소비되어 정신력마저 깎이고 만다.

그렇다면 사람은 왜 내키지 않는 부탁과 권유를 받아들이는 걸까? 그 배경에는 다음과 같은 생각이 있다.

'상대와의 의리가 있기 때문에 거절할 수 없다'
'한 번 거절하면 인간관계나 일에 영향을 끼칠 것 같다'
'상대가 나를 재미없고 쪼잔한 사람이라고 판단할 것 같아 무섭다'

혹은 부탁을 받거나 모임에 권유를 받으면 자신의 능력과 존재를 인정받은 기분이 들어 응해주고 싶어진다는 사람도 있을 것이다.

이는 모두 자타의 경계선이나 자기긍정감과 깊은 연관이 있다. '상대와의 의리가 있어 거절할 수 없다', '한 번 거절하면 인간관계나 일에 영향을 끼칠 것 같다'라고 생각하는 것은 상대를 향한 의리나 상대와의 역학 관계에 의해 본인과 상대방 사이의 경계선이 모호해져 자신의 영역이 침해되었기 때문이다.

그리고 '상대가 나를 재미없고 쪼잔한 사람이라고 판단할 것 같아 무섭다', '자신의 능력과 존재를 인정받은 기분이 든다'라고 생각하는 것은 '부탁을 받아들이지 않거나 권유에 응하지 않더라도 나는 나이며 나 그대로로 충분하다'라고 스스로를 긍정하지 않기 때문이다.

실제로 자신을 긍정하지 못하는 사람은 원치 않는 부탁이나 권유를 받아들이는 경향이 강하다.

타인을 신경 쓴다는 일은 스스로를 긍정하지 못하는 사람에게 있어 생명선과 같은 것이다. 일시적으로 '다른 이에게 도움이 되었다', '나의 존재 가치를 인정받았다'라며 처음에는 만족할 것이다. 하지만 내키지 않은 일을 무리하여 받아들였기에 원망스러운 마음이 조금씩 쌓이면서 본인과 주변 사람들이 조금씩 싫어진다.

나 자신보다 타인의 요구를 우선함에 따라 자기혐오에 더욱 빠지는 악순환이 계속되는 일이 빈번하다.

그렇다면 내키지 않는 부탁이나 권유에는 어떻게 대처하면 좋을까?

우선, NO를 말하지 못하는 사람은 부탁이나 권유를 반사적으로 받아들이기 쉽다. 혹은 특정 사람의 부탁이나 권유만은 반사적으로 받아들이게 된다는 사람도 있다.

만약 당신이 자신의 언동을 되돌아봤을 때 항상 부탁을 반사적으로 받아들이고, 특정 사람의 권유에는 특히 반사적으로 응한다고 판단되면 다음부터는 "좀 더 생각해볼게요", "일정이 있는지 확인해볼게요"라고 대답하여 **시간 차를 만드는 일을 습관화하자.**

시간 차를 만드는 이유는 부탁과 권유를 수용할지 말지 검토하고, 거절할 경우에 가능한 한 상대방에게 불쾌감을 주지 않는 변명을 생각하기 위해서이다.

부탁과 권유를 받아들일지 말지에 대해 검토할 때에는 불필요한 부분은 생각하지 말고, 일단 자신의 '쾌·불쾌'의 감정에 초점을 맞추자.

부탁받은 일을 하는 나, 권유에 응한 나의 모습을 상상했을 때 스스로 즐거워하고 있을 것인가, 그렇지 않을 것인가.

만약 즐거울 것 같지 않다면 그 부탁과 권유는 기본적으로는 거절하는 편이 좋다. 하지만 갑자기 닥치는 대로 전부 거절하기는 아무래도 어렵다면 거절하기 쉬운 부탁이나 권유부터 NO를 말하는 연습을 해보자.

처음에는 열 번 중 한 번, 스무 번 중 한 번 정도로도 충분하다. 그 결과로 '거절했지만 의외로 아무렇지 않았다', '나의 자유에 쓸 수 있는 시간이 늘었다', '거절한 이후부터 항상 생억지를 부리던 사람이 멀어졌다'와 같은 경험을 하고 나면 NO를 말하는 데에 저항감은 조금씩 줄어들 것이다.

또 하나, 고려한 끝에 부탁이나 권유에 응하지 않겠다고 결정했다면 거절은 되도록 빠른 편이 좋다.
시간이 지나면 지날수록 거절하기 어려워지며 NO를 말하는데에 장벽이 높아지기 때문이다.

부탁에 있어 중요한 점은 '부탁한다—부탁받는다'라는 관계를 정착화시키지 않는 것이다.
업무 현장에서는 어쩔 수 없는 부분도 있겠지만 두 사람의 사이에서 한쪽이 항상 부탁하고 다른 한쪽이 항상 부탁받는 관계는 그다지 공평하다고 할 수 없다.
특히 터무니없는 부탁만 받는 경우는 그것이 자신의 시간과에너지, 자유를 빼앗는 일종의 폭력임을 확실히 인식하자.

한편으로 세상에는 부탁을 잘 못 하는 사람도 많다.
어쩌면 여러분 중에 '타인에게 부탁받는 일은 자주 있어도 자신이 타인에게 부탁하는 일은 어려운' 사람도 있을지 모른다.

그 배경에는 '어떻게 부탁하면 좋은지 모르겠다', '부탁한 후의

여러 가지 잡다한 일이 귀찮다'는 기술적인 이유와 '내가 하는

편이 빠르다', '부탁을 해서 상대에게 민폐를 끼치거나 부담이

되면 미안하다'라는 생각이 있지는 않은가?

아무래도 관계를 무너뜨리지 않고 적당한 균형으로 타인에게

부탁하는 일은 굉장히 어렵고 섬세한 기술이 필요하다.

또 '부탁을 해서 상대에게 민폐를 끼치거나 부담이 되면 미안

하다'라는 생각은 부탁이 서툰 사람들 대다수가 가지고 있을

것이다.

이것도 사실 자기긍정감과 밀접한 관계가 있다.

'부탁을 해서 상대에게 민폐를 끼치거나 부담이 되면 미안하

다'라는 생각을 하는 것은 결국 '자신이 상대에게 부탁하는 것

은 민폐를 끼치는 일이다' 즉 '나에게는 타인에게 부탁하거나

타인에게 도움을 받을 가치가 없다'라는 마음이 밑바탕에 깔

려 있기 때문이다.

하지만 그것을 정하는 것은 어디까지나 상대방이다. '내가 부

탁하는 게 민폐이지 않을까'라고 마음대로 생각하는 것은 선

을 넘는 행위이다.

되도록 누구와도 대차 관계를 만들지 않고 안정된 생활을 하기를 원하는 사람도 많다. 하지만 서로에게 무리가 없는 정도의 대차 관계가 있는 편이 여차할 때 도움을 구하기 쉽다.
어느 정도 부탁하는 일과 부탁받는 일에 익숙해지고 서로에게 불공평함이 없도록 균형을 유지하는 사이라면 그것은 풍요로운 인간관계라고 말할 수 있을 것이다.

당신이 궁지에 몰렸을 때 힘을 빌리거나 기댈 수 있는 상대방과 서로 신뢰할 수 있는 관계를 만든다면 더욱 안정적이고 행복한 인생을 보낼 수 있다.

NO를 말하는 용기와
자기긍정감

19 자기긍정감이란 '별 것 없어도 나는 나라서 좋다'라는 감각이다

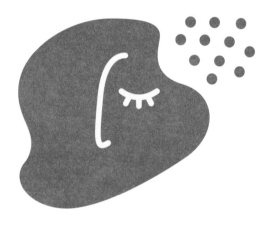

문제 [question]
자기평가가 높다고 해서 자기긍정감을 얻을 수 있는 것은 아니다

지금까지 몇 번인가 다루었지만, 이번 장에서 '자기 자신을 긍정하는 일', '자기긍정감'에 대해 다시 한번 상세히 설명하고자 한다.

타인의 가치관과 규칙에 NO를 말하고 자신의 규칙으로 살아가는 데 상당히 중요한 것 중 하나가 바로 자기긍정감이기 때문이다.

자기긍정감이란 '누가 뭐래도 나는 나라서 좋다'라는 감각을 말한다.

혹여 결점이나 결함투성이라도, 자랑스러운 일이 없더라도 그런 자신을 있는 그대로 받아들이고 사랑할 수 있다.

그것이 자기긍정감이다.

하지만 자기긍정감이 없는 사람에게 그 감각을 전달하고 제대로 이해시키는 일은 꽤 어렵다.

특히 자기긍정감은 자기평가와 혼동되기 쉬우며 '자기긍정감을 갖는 일＝자기평가가 올라가는 일'이라고 생각하는 사람이 많다.

자기평가란 자신의 능력, 업무 성과나 노력, 겉모습 등에 대한 외부의 판난을 일징한 가치기준(척도)으로 삼아 본인 스스로 내리는 평가를 말한다.

예를 들어 '나는 뛰어난 인간이다', '나는 아름답다', '~를 이루어낸 내 인생에는 가치가 있다' 혹은 '나는 열등한 인간이다', '나는 못생겼다', '아무것도 이루지 못한 내 인생은 가치가 없다' 등이 모두 자기평가에 해당한다.

참고로 모든 일에 백 점 만점을 받아야 용납되는 엄격한 환경에서 자란 사람은 자기평가의 기준도 엄격해지기 쉽다.

아무리 노력해서 좋은 결과를 내도, 아무리 타인에게 높은 평가를 받았다 해도 스스로는 아직 멀었다고 생각하기 때문에 자기평가가 낮아질 수밖에 없다.

엄격한 평가를 하는 것이 타인이라면 그 사람과 거리를 두어 그의 말이 귀에 들어오지 않도록 할 수 있지만 평가를 하는 것이 자기 자신이라면 그렇게 할 수도 없으니 더욱 성가시다.

그리고 자기평가가 낮으면 '나 따위는 안 돼', '뭘 해도 소용없

다'라는 마음이 들기 쉬워 당연히 자기긍정감도 갖기 어려워
진다.

그러나 자기평가가 높다고 해서 자기긍정감을 가질 수 있는
것도 아니다.
자기평가가 높은 사람은 자신의 업무 성과나 노력, 겉모습 등
에 대해 나름대로 자부심이 있기는 하지만 평가로부터 분리
되었을 때는 스스로를 인정할 수 없다. 기준을 충족시킨 사이
에만 자신을 긍정할 수 있기 때문이다.

즉 평가가 높든 낮든, 평가하는 당사자가 타인이든 자신이든,
타인의 가치관과 규칙으로 살아가며 '평가'라는 것에 속박되
어 휘둘리는 한 사람은 좀처럼 자기긍정감을 가질 수 없다.
자기긍정감을 갖지 못하면 타인의 평가에 따라서만 자신을
긍정하려 하므로 점점 타인의 가치관과 규칙에 얽매이는 악
순환에 빠지게 된다.

반대로 타인의 가치관과 규칙에 NO를 말하고 자신의 규칙으
로 살아가게 되면 '평가'에 휘둘리지 않게 된다.
바로 자신을 긍정할 수 있는 것이다.

자기긍정감이 있으면 스스로를 책망하지 않게 되고 실패하더라도 '뭐 괜찮아', '어떻게든 되겠지'라고 생각할 수 있게 된다. 자신의 존재와 자신의 행동을 분리해서 사고할 수 있게 된다. 따라서 초조함과 불안감이 없어지고 마음에 여유와 자신감이 생기며 좋지 않은 깃과 맞지 않는 것, 불쾌한 것에 수월하게 NO를 말할 수 있는 바람직한 순환 과정이 생긴다.

'자기를 긍정한다', '자기긍정감을 얻는다'는 일은 쉽게 입에 담을 수 있을 정도로 간단하지 않다. 그래도 스스로를 긍정하고 받아들이는 일은 결코 불가능하지 않다고 나는 믿는다. 그런 멋진 변화를 실현한 사람들을 실제로 봐왔기 때문이다.

단, 그러기 위해 필요한 것이 있다.
바로 '자신을 일방적으로 판단하지 않고 결함과 결점을 인정해주며 신뢰할 수 있는 타인의 존재'다.

사람은 혼자의 힘으로는 자신을 긍정할 수 없다. 또 신뢰할 수 있는 타인과의 사이에서 'NO를 말해도 괜찮다'는 체험을 쌓지 않으면 NO를 말할 용기는 좀처럼 생기지 않는다.

- 한 명이든 두 명이든 자신을 결점 그대로 받아들여 주며 내

가 신뢰할 수 있는 타인이 있다는 것(타인을 향한 신뢰).

- 그런 타인이 존재하는 '세상' 그 자체를 신뢰하고 세상과의 연결을 느끼며 '세상은 결코 무섭지 않다', '나는 세상과 연결되어 있으며 혼자가 아니다'라고 생각하는 것(세상을 향한 신뢰).

- 그런 타인과 세상의 존재를 기반으로 하여 '나는 나라서 좋다'라는 자기 자신을 향한 신뢰를 갖는 것(자신을 향한 신뢰).

이 세 가지는 필수 불가결하다.

본래 가장 바람직한 형태는 부모나 가족이 최초의 '신뢰할 수 있는 타인'이 되는 것이다.

부모가 아이를 과도하게 평가하거나 아이에게 일방적인 규칙을 강요하지 않고 결함과 결점까지도 사랑해주며 '너는 너 그대로로 괜찮아'라고 전함으로써 아이의 마음에는 자기 자신에 대한 신뢰, '부모'라는 타인에 대한 신뢰, 세상에 대한 신뢰가 생겨 자기긍정감을 기를 수 있다.

그러나 실제로는 그 역할을 제대로 수행하지 못하는 부모가 많다. 오히려 아이를 엄하게 평가하거나 있는 그대로의 모습을 인정하지 않아 자기긍정감이 자라나기 어려운 상황을 만드는 부모가 적지 않다.

부모와의 사이에 신뢰 관계를 구축할 수 없고 자기 자신을 향한 신뢰를 갖지 못한 아이들은 스스로의 힘으로 신뢰할 수 있는 첫 번째 어른을 찾을 수밖에 없다.

그러기 위한 방법과 준비에 대해서는 202쪽 이후에 서술하고 있으므로 꼭 참고하길 바란다.

사람은 혼자의 힘으로는
자신을 긍정할 수 없다

20 사고를 외재화하여 자기긍정감을 잃지 않으며 자신을 알다

외재화 [externalization]
자신이 안고 있는 문제와 고민을 밖으로 꺼내는 것

자기긍정감에 관련하여 한 가지 더 전하고 싶은 중요한 이야기가 있다.

바로 스스로에게 '왜'라는 질문을 던지지 않는다는 것이다.

자려고 누운 이불 속에서 문득 과거의 실수가 떠올라 '왜 나는 그런 것도 못 했을까', '왜 나는 그런 일에 서투를까'라는 생각이 꼬리에 꼬리를 물어 잠들지 못한 밤.

당신에게도 그런 경험이 있지 않은가?

그러나 아무리 스스로 '왜'라는 질문을 해도 긍정적이며 건설적인 대답이 나오는 경우는 극히 드물다.

결국 '내가 나빠서 그렇다', '그런 가정에서 자랐기 때문이다'와 같은 대답으로 도출된다. 그리고 그 대답을 스스로 의심하지 못한다.

게다가 그 대답은 머릿속에서 반추됨으로써 점점 강화되고, 그로 인한 당신의 자기평가는 내려간다. 이런 과정은 자신을 신뢰하는 일로부터 점점 멀어지게 만든다.

단, 한편으로 방법만 틀리지 않는다면 자기 자신을 돌이켜보는 일은 자기긍정감을 얻거나 NO를 말할 힘을 기르는 데에 굉장히 유효하다.

스스로를 가능한 한 객관적으로 돌이켜봄으로써 자타의 경계선과 자신이 지켜야 할 영역, 자신이 정말로 원하는 것을 알수 있기 때문이다.

그럼 어떤 방법으로 자신을 돌이켜보면 좋을까?

이때 도움이 되는 방법이 바로 '사고의 외재화'이다.

외재화란 자신의 문제나 고민을 일단 바깥으로 꺼내는 일이다. 구체적인 방법으로 '종이에 써 내려가는 것'을 들 수 있다.

예를 들어 당신이 상사에게 지시받은 업무를 달성하지 못하여 꾸지람을 듣고 심하게 주눅 들었다고 치자.

당신이 자책하는 경향의 인간이라면 무심코 '그러고 보니 전에도 같은 일이 있었지', '나에게 능력이 없으니 같은 문제를 반복하는 거야'라고 생각할 것이다.

그리고 마지막에는 '이런 나에게 가치가 있는가', '이 직장에 내가 있을 곳이 없어지지 않을까'라며 사고가 부정적인 감정으로 온통 뒤덮일지도 모른다.

그러나 글로 써서 문장화하는 작업이 들어가면 사고와 감정이 뒤섞인 뇌 속에서 문제가 외부로 꺼내어져 객관적으로 파악이 가능해진다.

'언제 어떤 지시를 받아 어떻게 작업을 진행했는가'를 정리하면서 문장을 써 내려가는 사이에 단순히 '나에게 능력이 없기 때문'이라며 한탄하는 게 아니라 '어디에 문제가 있었는지', '다음부터 어떻게 하면 되는지'를 구체적으로 생각할 수 있다.

또 고민이나 문제를 글로 써서 신뢰할 수 있는 제삼자에게 보여주고 충고를 구할 수도 있다. 어쩌면 제삼자에 의해 당신의 능력이나 작업의 진행 방식이 아닌 상사의 지시 방법에 문제가 있었다는 사실이 밝혀질지도 모른다.

'사고의 외재화'는 그밖에도 다양한 상황에서 도움이 된다.

만일 '누군가의 언동에 왠지 짜증이 났다'라면 '어떤 사건이 있었고 무슨 감정을 느꼈는지'를 종이에 써보자. 구체적인 상황을 언어화함으로써 짜증의 이유와 정체가 명확해지면 영문 모를 불쾌함을 그냥 안고 있을 때보다 훨씬 개운해진다.

스트레스가 쌓였을 때는 타인에게 이야기하는 것도 좋다.

'일본인은 참을성이 많다'라는 말이 있지만, 그만큼 푸념을 잘 하지 못하는 사람도 많다. 그런 사람들은 스트레스를 쌓아둔 끝에 업무를 마치고 집에 돌아와 피곤해하는 파트너에게 불평을 말하며 갑갑해하곤 한다.

스트레스를 잘 다스리기 위해서라도 가능하면 가볍게 불만을 주고받을 수 있는 친구를 찾는 것을 추천하고 싶다.

만약 그런 친구를 찾기 어렵다면 카운슬러에게 상담하는 것도 좋다. 어쩌면 자주 가는 단골 바나 술집 주인이 그런 대상이 될 수 있을지도 모른다. 대면이 서툰 사람을 위해 'cotree'와 같은 우수하면서 비용 대비 효과가 좋은 온라인 카운슬링 서비스도 있다.

마이크로소프트 사의 창시자 빌 게이츠나 구글 사의 전 CEO 인 에릭 슈미트 등 세계적인 기업의 경영자는 모두 상담 상대를 붙여 많은 비용을 지불하고 있다.

세간에 '유능'하다고 인정받는 사람들조차 고뇌와 문제를 토로하며 상담할 수 있는 제삼자를 필요로 하는 것이다.

우리도 자신의 부정적인 감정과 문제를 누군가와 공유하며 마음의 건강을 유지하는 데에 돈을 써보는 것도 좋지 않을까.

나는 몸과 마음의 균형이 무너져 휴직 중인 환자들에게 '자신의 신체적 욕구'를 써보는 일도 추천하고 있다.

신체적 욕구란 '피곤하니 쉬고 싶다', '지금 무엇을 먹고 싶다'와 같은 생각을 가리킨다.

몸과 마음의 균형이 무너진 환자들 대부분은 먹을 시간이나 잘 시간을 아껴가며 일을 하거나 오로지 회사와 사회의 요구에 부응하는 생활을 해왔다. 그 결과 '자신의 몸이 정말로 원하는 게 무엇인지' 모르는 사람이 많다.

또 부모의 요구가 우선되는 가정에서 자란 아이, 남편과 아이를 우선하는 게 당연시된 전업주부 등도 마찬가지다.

"오늘 식사는 뭐로 할래요?", "당신은 뭐 먹고 싶어요?"라는 질문을 받아도 항상 부모나 남편, 아이가 먹고 싶어 하는 것을 우선시했기 때문에 '자신이 먹고 싶은 것'을 메뉴로 할 생각을 못하거나 무엇이 먹고 싶은지 자신도 모른다.

하지만 누구에게나 반드시 '신체적 욕구'는 숨어 있다. 왜냐하면 우리는 모두 아기일 때 자신의 욕구를 몸과 마음을 담아 주장했기 때문이다.

마음속에 숨어 있어 보이지 않는 욕구를 꺼내어 외재화하고 채워가는 것. 다른 사람의 요구에 일단 NO를 말하고 자신의 신체적 욕구에 응하는 것. 모두 나와 타인 사이의 경계선을 만들어 자신의 영역을 지키면서 자신만의 규칙으로 살아가는 데에 상당히 중요하다.

'왜'라는
질문을 던지지 않는다

21 정의감은
타인과의 화합 가능성을 없앤다

악플 [mean comments]
사람은 '정의 집행'이라는 쾌락에 완전히 취해 있다

———

앞에서도 이야기했듯 NO를 말할 수 있는 사람이 되는 것, 자신의 규칙으로 살아가는 것과 단지 제멋대로 살아가는 것, 자기 마음대로 살아가는 것은 다르다.
어디까지나 타인과의 공평한 관계 구축을 지향해야 한다.

만약 직장에서 지나친 노동량을 할당받거나 다른 사람이 해야 할 일을 억지로 넘겨받아 당신이 '불공평하다'고 느꼈다면 그때는 제대로 NO를 말해야 한다. 상황에 따라서는 이직을 고려하는 편이 좋을 것이다.

하지만 월급에 합당한 범위에서 맡은 타당한 업무를 단순히 '하기 싫다'는 이유로 거절한다면 그것은 단순히 제멋대로인 것이다.

혹은 당신의 자기평가를 낮추고 존엄성을 빼앗는 듯한 발언을 하는 사람, 터무니없는 요구만 하는 사람에게는 제대로

NO를 말한 후 거리를 두어 자신의 몸과 마음을 지키는 편이 좋다.

그러나 단순히 '저 사람은 내 생각대로 안 된다'는 이유로 인간관계를 점점 끊어간다면 주위에는 아무도 남지 않을 것이다.

그리고 '정의감'에도 주의가 필요하다.

최근 SNS 등에서 '악플'이 종종 눈에 띈다.

많은 사람이 각각의 '상식'과 '정의'를 내세우며 그것을 근거로 자신의 관점은 올바르다고 믿는다. 그리고 그 입장에서 타인을 판단하며 공격하는 상황을 보면 나는 항상 의아한 마음이 든다.

상대의 사정을 100% 파악하지 못했는데 왜 자신의 관점이 절대적으로 옳다고 단정할 수 있는지 정말 이상한 일이다.

정의감이라는 감정은 상당히 귀찮은 존재이다.

정의감에 불타 잘못한 사람을 응징해야겠다는 의도로 움직일 때 사람은 '정의 집행'이라는 쾌락에 완전히 취해 있기 때문에 자신의 실수를 의심하거나 상대의 사정에 대해 생각하지 못한다.

자신의 규칙에 근거하여 살아가는 것은 '나는 완전히 옳다'라고 맹신하며 자신의 가치관에 의해 타인을 단죄하고, 타인에게 자신의 규칙을 강요하는 게 아니다.

그것은 완전히 선을 넘는 행위이다. 결국은 나와 타인의 경계선과 스스로 지켜야 할 영역을 모르는 것이다.

애초에 정의감에 사로잡혀 타인을 공격하는 사람은 자신이 직접 실천하여 세운 가치관이 아닌, 타인이 만든 가치관에 편승한 이들이다. 따라서 타인을 판단하거나 자신이 이전에 느낀 적 있는 고통을 제멋대로 이해하고는 제멋대로 불쾌해져 비난하는 일이 대부분이다. 진정한 의미로 스스로가 옳다고 자신감을 가진 경우가 아니다.

장점과 단점 모두 포함하여 스스로를 잘 이해하고 있는 성숙한 사람은 자신의 결점과 미흡한 부분까지 받아들이고 있는 만큼, 기본적으로 타인의 결점과 미흡한 부분에 대해서도 관용적이다.

'나를 포함한 모든 인간은 결코 완벽하지 않으며 나약한 부분이나 교활한 부분도 있고 실수나 잘못을 범하는 일도 있다', '사람에게는 각자 사정이 있으며 그것을 고려하지 않은 채 일방적으로 판단하여 공격하는 일은 선을 넘는 행위이다'라는 사실을 알고 있기 때문이다.

그러나 '나는 나라서 괜찮다'라는 감각이 없는 사람은 아무래도 타인의 영역을 신경 쓴다.

그 결과 '나는 많은 걸 참으며 살고 있는데 자기 좋을 대로 하고 있다', '저 사람은 제멋대로이다'라는 생각을 한다. 또 사람들과 같은 가치관과 규칙을 공유하며 스스로를 안심시키려 하거나 타인의 실수, 잘못을 비난함으로써 자신의 '옳음'을 확인하여 상대적으로 자신의 가치를 높이려 한다.

덧붙여 말하자면, 아무리 자신에게 좋은 것만 받아들이는 게 중요하다 해도 듣기 좋은 말만 하거나 아무 말에나 동조해주는 사람만을 주위에 두고, 듣기 거북한 의견은 완전히 차단하는 것도 그다지 바람직하지 않다. 그 또한 공평한 관계와 거리가 멀다.

당신과 진심으로 마주해주는 사람의 사랑 있는 비판은 제대로 살펴보길 바란다.

타인의 충고와 조언을 자신의 감각으로 제대로 음미한 후 마주하지 않아도 될 것과 듣지 않아도 될 것은 버리고, 마주해야할 것과 들어야 할 것에 대해서는 성실히 귀를 기울이는 과정도 사람이 성장하는 데 있어 빠뜨릴 수 없기 때문이다.

나는 몇 살이 되건, 어떤 입장에 있건 사람은 항상 '내가 틀렸을지도 모른다', '지금의 나에게는 아직 부족한 부분이 있다'라는 생각을 마음속에 남겨두는 편이 좋다고 생각한다.

이는 물론 '나는 정말 쓸모없다'라는 조악한 자기부정과는 다르다.
'100% 나는 옳다'라는 믿음도, '100% 나는 틀렸다'라는 믿음도 모두 극단적이며 결코 건강한 상태가 아니다.

또 '어쩌면 지금 나는 잘못하고 있는지도 모른다', '지금의 나에게는 아직 부족한 부분이 있다'라는 생각은 '나는 나라서 괜찮다'라는 자기긍정감과 모순되지 않는다.
'나는 완벽하지 않다. 잘못된 부분도 있지만 나름대로 열심히 한 부분은 인정해주자. 고쳐야 할 부분은 아직 많지만 앞으로 개선해나갈 수 있다'라는 마음가짐이 자기긍정의 좋은 형태다.

스스로 부족하다는 까닭으로 자신에게 NO라 말할 필요는 전혀 없다.
아직 부족한 부분이 있음을 깨달을 수 있다는 것은 항상 목표로 할 방향성이 주어졌다는 뜻이다. 그런 삶은 지루하지 않고 오히려 꽤 편하다.

NO를 말할 수 있는 사람이 된다는 것은 소중히 여기고 싶은 사람들과 서로 선을 넘지 않는 편한 거리감을 유지한 채 자신과 상대방의 상황을 모두 이해하고 양보, 타협하면서 유연하게 사귀는 일이다. 서로 자신과 상대방을 지키며 보살피는 것이다.

'나는 완전히 옳다', '나는 완벽하다'라는 믿음은 자신만을 지키는 일이다. 변화를 거절하는 일이자 타인과 서로 양보하고 타협할 가능성을 없애는 일이다.

만약 당신 마음속에 정의라는 이름으로 타인을 일방적으로 비난하거나 타인에게 일방적으로 요구하려는 마음이 피어났다면 일단 멈춰서서 생각하는 시간을 갖자.

정의감에도
주의가 필요하다

— Contents 5 —

행복을 높이는 법

22 진심으로 신뢰할 수 있는
첫 번째 어른을 찾는다

첫걸음 [first step]
신뢰할 수 있는 사람과의 만남이 필요하다

당신이 자신의 시간과 에너지를 빼앗고 살기 힘들다고 느끼게 만드는 '타인의 규칙'에 NO를 말하게 되는 것.

스스로를 기쁘게 하는 시간과 에너지를 늘려 자신의 규칙으로 자신의 이야기를 살아갈 수 있고 진심으로 마음이 충족되어 행복해지는 것.

그것이 이 책을 통해 내가 전하고 싶은 점이자 바라는 바이다.

이번에는 당신의 인생이 더욱 행복해지기 위한 포인트에 관해 이야기하고자 한다.

애초에 NO를 말하는 게 매우 어렵다는 사실은 잘 알고 있다.

누구에게나 NO를 말하는 일은 두렵다.

NO를 말했다가 이 사람에게 미움받으면 어떻게 하지.

이후 어쩌면 두 번 다시 이런 친구, 혹은 파트너를 만나지 못하는 건 아닐까.

NO라고 말한 후 출세를 못 하거나 직장을 잃으면 어쩌지.

나중에 회사에서 독립했을 때 곤란해지는 건 아닐까.

어지간히 담대한 사람이 아닌 이상 NO를 입에 담을 때에는
그런 생각이 머리를 스칠 것이다. 그리고 NO를 말할 용기 대
신 자신이 바라지 않는 일에 YES라고 말하며 받아들인다.
그러면 단기적으로 편할지 모르지만 바라지 않는 일에 YES를
거듭하는 사이에 당신의 인생은 점점 자유와 멀어진다.

인생은 무슨 일이든 다 경험이다.
공부든 운동이든 일이든, 처음에는 누구나 초보자이지만 경
험을 쌓아가는 동안 조금씩 익숙해진다.
NO를 말하는 것도 몇 번 시도해보면 '뭐야, 의외로 아무렇지
않네', 'NO라고 말했다고 해서 사람이나 회사와의 연결이 완
전히 끊기는 건 아니네'라고 생각하게 된다. 어쩌면 'NO라고
말해서 멀어질 사람이나 일은 애초에 나에게 필요 없다'라고
생각할 수도 있다.
하지만 그러기 위해 NO를 말하고 그것이 받아들여지는 '첫걸
음'이 필요하다. 그리고 그 첫걸음을 내디디기 위해서는 신뢰
할 수 있는 사람과의 만남이 필요하다.
용기를 짜내어 NO를 말해도 자신이 바라지 않는 결말로 끝난
다면 아마 그 사람은 그때까지 이상으로 NO를 말하는 게 두

려워질 것이다.

가능하면 NO를 말해도 이해해줄 법한 대상을 찾아 경험을 쌓아가야 한다.

앞에서도 서술했듯 원래는 아이의 자기긍정감을 기르고 NO를 말하는 경험을 쌓게 하는 일은 부모나 가족이 담당해야 할 역할일지도 모른다.

실제로 부모와 자식 간의 관계가 양호하고 어린 시절에 'NO라고 말해도 인정받는' 경험을 한 사람은 NO를 말하는 데에 저항감이 적은 경향이 있다.

'NO라고 말해도 상대(부모)와의 신뢰 관계는 흔들리지 않는다', 'NO라고 말해도 부모는 나를 사랑해준다'라는 자신감과 안심, 자기긍정감을 얻을 수 있기 때문이다.

하지만 어린 시절에 NO를 말하는 게 인정되지 않는 환경에서 자란 사람은 NO라고 말하는 것을 인정받은 사람의 몇 배나 NO를 말하는 것이 무서워진다.

NO를 말하는 경험을 쌓지 못하여 '타인과의 절대적인 신뢰 관계'의 존재를 믿을 수 없고 세상에 대한 공포심과 불안감을 느끼기 때문이다.

그런 사람이 NO를 말하기 위해서는 '정말 신뢰할 수 있는 첫 번째 어른'을 만나 좋은 관계를 만든 후, '나는 NO를 말해도 되는 사람이다', 'NO를 말해도 무너지지 않는 인간관계가 있다'라는 사실을 깨닫고 그것을 입구로 하여 세상과의 연결을 실감하는 수밖에 없다.

트럼프 카드 게임의 '대부호'와 마찬가지로 안타깝게도 처음 뽑은 '부모 자식 관계'라는 카드의 영향은 크다. 하지만 어른이 되고 나서 '인생이 뒤바뀔 법한 만남'이란 카드를 뽑을 가능성도 충분히 있다.

이러면 꼭 '자신에겐 그런 사람이 없다'고 말하는 이가 있다.
그리고 나에게는 되돌려줄 말이 없다.
'정말 신뢰할 수 있는 첫 번째 어른'을 만나는 것은 운이라고밖에 할 수 없고, '누구나 반드시 만날 수 있다'라고는 말할 수 없기 때문이다.

단, 확실히 만날 수 있다고 장담하지는 못하지만, 행동으로 옮기는지 옮기지 않는지, 혹은 도전을 계속하는지 멈추는지에 따라 가능성은 크게 바뀐다.
내가 아는 한 '정말 신뢰할 수 있는 첫 번째 어른'을 만난 사람은 자신의 세상을 바꾸기 위해 필사적으로 움직였고 도전을 멈추지 않았다.

갑자기 적합한 대상을 만날 가능성은 작을지도 모른다.
그래도 '아무도 믿지 못한다'라는 절망을 안은 채 때로는 상처
받는 일이 있더라도 절대 낙담하지 않고 지금까지 만난 사람들
중 누가 더 나은지, 누구를 신뢰하면 안 되는지를 생각하자.
신뢰 관계를 기대할 만한 사람을 만났다면 그렇게 생각한 이
유가 무엇인지 헤아려보고 '이 사람과는 왜 맞는지', '이 사람
과는 왜 맞지 않는지'를 감각이 아닌 제대로 언어화하여 판단
한다.
이런 실패와 시도를 쌓아가는 사이에 조금씩 '사람을 꿰뚫어
보는 지성'이 길러지는 것은 아닐까.

나의 옛 동료인 어느 여성이 예전에 이런 말을 했다.

"지금까지 사귄 상대는 얼굴은 괜찮지만, 성격이 별로인 사람
뿐이었어요. 그래서 '잘생긴 사람은 인기가 많고 성격이 나쁘
다', '잘생기지 않은 사람은 분명 성격이 좋을 것이다'라고 생
각하게 되었어요. 그러다 잘생기지 않은 사람과 사귀었는데,
그 사람도 성격이 별로였어요. 정말 된통 혼났지요."
그 사람은 일찍이 '잘생긴 사람＝나쁜 사람'이라는 의외로 허

무맹랑한 가설을 지니고 있었다. 그 후 다양한 경험과 실패를 반복하면서 자신의 가설을 진화시켜 지금은 꽤 행복하게 살고 있다.

어떠한 허무맹랑한 가설이라도 좋으니 어쨌든 언어화하여 생각하는 것은 매우 중요하다.

언어화하면 가설을 세울 수 있고, 가설을 세우면 검증할 수 있고, 가설과 검증이 가능해지면 자신 안에 '법칙'이 생기기 때문이다.

마음의 센서를 곤두세워 자신에게 편안한 사람은 어떤 사람인지, 반대로 가까이해서는 안 되는 사람은 어떤 사람인지를 조금씩 학습하다 보면 그 끝에 어쩌면 '진정으로 신뢰할 수 있는 첫 번째 어른'과의 만남이 기다리고 있을지도 모른다.

'구체적인 누군가'(인간)가 아닌 다른 것으로 세상과의 연결을 느끼는 사람도 있다.

어느 여성 환자의 경우, 여행하다 우연히 이즈모타이샤(옮긴이 주-일본 시마네현에 있는 신사)에 들렀는데 그 장엄함이 마음을 울렸다고 한다.

그때까지 그녀는 좀처럼 '신뢰할 수 있는 첫 번째 어른'을 만나지 못해 깊은 고독에 빠져 자기긍정감을 잃은 상태였다. 이즈모타이샤에서 '나는 태곳적부터 길게 이어져 온 공동체의 일원이다. 나는 세상의 일부이며 세상은 나를 받아들였다'라고 느꼈고, 그러자 문득 기분이 편해졌다고 한다.

그 외에도 사람은 대하기 어렵지만, 식물이나 동물을 좋아하여 그것을 입구로 세상과의 연결을 실감하는 사람도 있고, 소설이나 만화 캐릭터를 통해 세상과의 연결을 실감하는 사람도 있다.

현대 사회에서는 '현실 생활에 충실'하고 '친구가 많은' 것이 좋다고 여겨지기 쉬운데, 이 또한 누군가가 제멋대로 만든 가치관과 규칙에 지나지 않는다. 혼자임을 부끄러워하거나 두려워할 필요는 전혀 없다.

가령 인간 친구가 없다 하더라도, 정말 신뢰할 수 있는 사람을 만나지 못하더라도 '세상과의 연결을 느낄 수 있는 무언가'를 발판으로 '나는 나라서 괜찮다'라는 자기긍정감을 지닌 채 자신에게 좋지 않은 것, 맞지 않는 것, 불쾌한 것에 NO라고 말할 수 있는 용기와 마음의 여유를 가질 수 있다면 그것만으로 충분하다.

시간과 에너지를
재분배하자

23   편하지 않고 즐겁지 않은 것은 버려도 좋다

확신 [confidence]

가족이라도 근본적으로 맞지 않는 상대도 있다

―――――

남녀노소를 불문하고 대부분의 사람은 '사회인이니까', '어른이니까', '일이니까'라는 말을 당연하게 받아들이며 다양한 것을 참고 있다.

사회인이니까 취미나 가족과의 단란한 시간, 사이 좋은 친구와의 교류보다 일을 우선해야 하며 컨디션이 나빠도 출근해야 한다.

어른이니까 대하기 껄끄러운 사람이나 싫어하는 사람과도 잘 지내야만 한다.

일이니까 즐겁지 않은 작업이라도 계속해야 한다.

누구나 많든 적든 그런 생각을 안고 살아간다.

물론 그것을 부정할 생각은 없다.

생활을 영위하기 위해서는 일을 해야 하고, 마주하기 싫은 상사나 부하와 함께 일하거나 서툰 작업을 해야 할 때도 있다.

그러나 지나치게 무리하면 인간의 몸과 마음은 반드시 '이 이상 가동하면 위험하다'라는 경고를 울린다.

'아침에 도저히 일어날 수가 없다', '침울하다'와 같은 증상이 나타나는 것이다.

그전에 원인 불명의 두통이나 위통, 설사나 어지러움, 습진 등 몸에 증상이 나타나는 경우도 많다.

그리고 세상에는 상대와 일이 '자신과 맞지 않다'는 사실조차 알아차리지 못하는 사람도 많다.

예를 들면 가족.

이 사회에는 '부모는 자식을, 자식은 부모를 사랑하는 것이 당연하다', '피로 이어져 있으면 서로 알 수 있다'와 같은 믿음이 깊이 침투되어 있다.

부모 자식이든 형제든 맞는 경우도 있고 맞지 않는 경우도 있는 게 당연한데, 이런 사회 속에 침투된 믿음에 눈이 가려져 '가족과 근본적으로 맞지 않다'는 사실을 좀처럼 알아차리지 못하는 사람이 많다.

예를 들어 일가족 모두가 교사인 집이 있다. 어린 시절부터 교사가 되는 게 당연한 환경에서 자란 사람은 사실 교사에 적합하지 않아도 좀처럼 그 사실을 깨닫지 못한다. 그 결과 '교사

는 나의 천직일 텐데 왜 이렇게 일이 괴로운 걸까' 하고 고민
을 한다.

'잘하는 것'을 일로 삼는 경우는 더욱 골치 아프다.
'잘하는 것'과 '좋아하는 것', '맞는 것'은 엄연히 다르다.
계산을 잘해서 어쩌다 경리 일을 하고 있지만, 사실은 영업이
나 접객 등 사람을 상대로 하는 일을 좋아하는 사람도 있다.

'잘하지만 사실은 하고 싶지 않은 것'은 결과가 잘 나오고 칭찬
을 받기 때문에 잠시 그 쾌락에 눈이 가려져 '하고 싶지 않다'
는 자신의 속마음을 눈치채기 어렵다.
하지만 '사실은 하고 싶지 않은 것'을 계속하다 보면 마음속의
'무언가'가 조금씩 깎여 나간다. 매일 1%씩 에너지를 빼앗기
는 듯한 느낌이다.

또 인성이 나쁘지도 않고 적의가 있는 것도 아닌데 상대하기
벅찬 사람이 있다. 그런 사람과는 명확한 이유가 없더라도 거
리를 조금 두어보는 것도 좋다.
노골적으로 싫어하거나 충격을 받은 경우와는 달리, 깎여 나
간다는 자각이 없기 때문에 깨달았을 때는 이미 반죽음 상태
가 되어 있었다거나 상대와 떨어지고 나서야 상처받았다는

사실을 알아차리기 때문이다. 혹은 싫어하는 이유가 언어화
된 까닭도 있다.

거리를 두어보았지만, 그 상대가 역시 필요하다고 여겨진다
면 거리를 다시 되돌리면 된다.

이 사회를 살아가기 위해 맞지 않는 상대, 맞지 않는 일에 적
응하는 기술과 방법을 몸에 익혀둔다고 해서 손해를 보지는
않는다.

그러나 애초에 '맞지 않는 것'을 제대로 구분할 수 있는 능력을
몸에 익혀두는 편이 긴 안목으로 봤을 때 훨씬 유익하다고 생
각한다.

그렇다면 그런 능력은 어떻게 하면 몸에 익힐 수 있을까?

우선 몸이 보내는 시그널에 민감해져야 한다.

맞지 않는 것, 서툰 것을 앞에 두면 몸은 굉장히 정직하게 반
응한다.

머리(뇌)는 믿음이나 만들어진 감정에 지배되어 혼란스러워하
기 때문에 그 사실을 알아차리지 못하는 경우가 많다.

우리 신체에 갖춰져 있는 신경계 센서는 꽤 우수하다. 그 환경
에서 발산되는 모든 신호를 감지하여 그것이 자신에게 안전

한지 아닌지의 여부를 판단한다.

그리고 그곳이 자신에게 위험하거나 불쾌한 장소라고 판단했을 때 '뭔가 힘들다', '토할 것 같다', '왠지 배가 아프다'와 같은 신체적 거부 반응이 나타난다.

이것은 이성과 이치를 융화시킨 '야생의 감각'이라 해도 좋을 것이다.

야생의 감각이 길러지면 '맞는 것'과 '맞지 않는 것'을 직감으로 판단할 수 있다. 그 방법에 대해 옛날 한 선배 의사가 가르쳐준 내용을 간단히 소개한다.

우선 평소 생활 속에서 '아, 기분 좋다' 혹은 '마음이 편하다'라고 느낀 순간을 찾는다.

그리고 '기분 좋다'라고 느낀 순간을 찾으면 그 감각을 음미하면서 아래와 같이 이것저것 상상한다.

'이 기분을 더욱 좋게 만들기 위해 어떻게 하면 좋을까?'
'무엇이 있으면 좀 더 좋아질까?'
'무엇이 없어지면 좀 더 좋아질까?'

상상이므로 실현 불가능한 일이라도, 부도덕한 일이라도, 입 밖으로 내지 못할 말이라도 좋다. '기분이 좋다'라는 느낌 안에 스며들면서 그저 공상을 계속한다.

이때 '왜 기분이 좋은 걸까?', '왜 기분이 니쁜 걸까?'와 같은 생각을 할 필요는 없다.
말로 생각하는 순간 야생의 감각에서 벗어나기 때문이다.

이것이 선배 의사가 가르쳐준 방법이다. 하지만 좀 더 간단하게 '맞지 않는 것', '서툰 것'을 구분하는 방법이 있다.
그것은 '체감 시간이 긴지 확인하는 것'이다.

좋아하는 것을 하고 있을 때와 그렇지 않을 때는 같은 한 시간이라도 느끼는 법이 전혀 다르다.
회사에서 서툰 업무를 마지못해 맡았을 때나 재미없는 회의에 참석했을 때 혹은 껄끄러운 사람과 이야기할 때는 시간이 무서울 정도로 느리게 흐른다.
자꾸 시계를 보면서 '아직 5분밖에 안 지났어', '아직 10분밖에 안 지났어'라며 절망적인 기분이 들 것이다.

하지만 재미있는 책이나 게임에 집중해 있거나 좋아하는 사람과 즐겁게 대화할 때면 시계를 볼 마음조차 들지 않는다. 두 시간이고 세 시간이고 눈 깜빡할 사이에 지나버린다.

체감 시간은 놀라울 정도로 정직하다. 내가 그 시간을 즐겼는지, 편안하게 보냈는지를 가르쳐준다.

따라서 시간이 흐르는 게 더디게 느껴지는 일이나 장소, 사람은 가능한 한 자신에게서 멀리 떨어뜨리는 편이 좋다.

'싫은 일로부터 도망친다', '바라지 않는 일을 거부한다', '맞지 않는 일을 그만둔다'.

이는 모두 기분 좋게 살아가기 위해 반드시 습득해야 할 필수 기술이다.

처음에는 '그러면 안 되지 않나', '상대가 싫어하면 어떻게 하지'와 같은 보이지 않는 목소리에 방해받아 잘되지 않을 수도 있다.

하지만 실패하고 상처받으면서도 계속 노력하다 보면 조금씩 자신에게 맞지 않는 것을 가려내어 도망치거나 거부할 수 있게 된다.

맞지 않는 일과 상대에 자신을 맞추는 노력을 하기보다 정말 본인에게 맞는 일과 상대를 찾아 관계를 돈독히 하는 편이 2,000배 정도 가치 있다.

'이것은 기분이 좋지 않다', '이 사람과는 맞지 않다'라는 솔직한 감정은 상당히 중요한 데이터이다. 따라서 자신의 기억에서 말소시키지 말고 소중히 보존하자.

몸이 보내는 시그널에
민감해지자

24 '연령', '성별'과 같은 틀에 현혹되지 않는다

규칙 [rule]

자신이 하고 싶은 일을 시작하는 데에 너무 늦은 법은 없다 사회는 이런저런 수단을 써서 시대에 적합한 다양한 틀을 만들고는 사람들을 부자유한 우리 안에 가두어 자신의 이야기를 살아갈 수 없게 만든다. 이는 집단으로 살아가는 인간이 지닌 본능적인 폐쇄성, 미지를 향한 공포에 의한 것일 테다.

이해 가능한 틀을 만들면 안심할 수 있고 그 틀에서 벗어난 것은 의미 불명으로 기피할 수 있기 때문이다.

'연령'이라는 틀도 그중 하나다.

사람은 반드시 나이를 먹는다. 연령이 더해지면 분명 경험치는 높아진다.

그러나 연령을 기준으로 삼아 '젊으니까 미숙하다', '나이를 먹었으니 성숙하다'라고 기계적으로 단정 짓거나 '아이는 아이답게 행동해야 한다', '나이가 있으니까', '이제 어른이니까'라며 행동을 제한하는 것은 난센스이다.

성숙도는 모두 제각각이다.

젊어도 야무진 사람, 경험 부족을 상상력으로 보완할 수 있는 사람이 있는가 하면 나이를 먹었어도 경험이 성장이나 성숙으로 연결되지 않은 사람도 있다.

상대를 잘 알지 못한 상태에서 연령만으로 단정 지으면 중요한 점을 간과하게 된다.

'이제 나이도 있으니까'라며 하고 싶은 일을 참거나, 어느 정도의 연령이 되었을 때 정말로 하고 싶은 일을 시작한 사람에 대해 '그 나이가 돼서'라며 비웃는 것도 유감스러운 일이다.

자신이 하고 싶은 일을 시작하는 데에 너무 늦은 법은 없다.

사람은 언제나 지금, 이때가 나머지 인생 중 가장 젊다.

30대, 40대인 사람은 10대나 20대 시절을 되돌아보며 '저 시절은 참 젊었지'라고 생각할 것이다. 하지만 그 사람들이 50대, 60대가 되면 역시 30대, 40대 시절을 되돌아보며 '저 시절은 참 젊었다'라고 생각할 것이다.

우리를 옭아매는 틀에는 그 외에도 '성별'이 있다.

최근에는 잘 언급되지 않는 듯하지만, '여자는 여자답게', '남자는 남자답게'라는 말이 있다.

활발하고 일을 척척 해내는 여성이 "여자 주제에", "여자답게 행동해"라는 말을 듣거나 경쟁을 그다지 즐기지 않고 다정한 성향의 남성이 "남자답지 않다", "남자답게 행동해"라는 말을 듣는 일은 얼마 전까지 일상다반사였다.

성별을 이유로 자신이 하고 싶은 일과 바라는 삶의 방식을 배척당하는 것 또한 난센스다.

남녀의 몸의 구조가 다른 것은 바꿀 수 없는 사실이다.

여성에게는 난소와 자궁이 있어 아이를 낳을 수 있지만 남성은 불가능하다. 남녀의 결정적인 차이는 그것뿐이다.

여성과 남성은 분비되는 호르몬이나 기능의 차이가 있고 그에 따른 영향을 받는 일은 있지만 성격이나 사고방식은 사람마다 다른 것이다.

'논리적', '호전적', '자립적'과 같이 '남자의 특성'이라 여겨지는 성질을 갖춘 여성은 많다. 또 '감정적', '우호적', '협력적'과 같이 '여자의 특성'이라 여겨지는 성질을 갖춘 남성 또한 많다.

하지만 인류의 긴 역사 속에서 '여자'와 '남자'라는 두 가지 틀에는 다양한 의미와 역할이 붙었다. 그 의미와 역할은 어린 시절부터 교육을 통해 우리 뇌 속에 설치되었다.

예를 들어, 내가 어렸을 때는 '파랑이나 검정은 남자아이의 색', '빨강은 여자아이의 색'이라고 여겼다. 명찰과 가방 등 모든 사물이 남녀별로 색깔이 구분되어 있었고, 우리도 그것을 의심하지 않고 받아들였다.

그러나 실제로는 아무런 근거 없는 이야기다.
누군가가 어떤 시점에서 마음대로 만든 규칙에 지나지 않는 것이다.

나는 이런 '만들어진 성의 역할'이나 '만들어진 남녀의 차이'를 완전히 부정할 생각은 없다.
이런 성별 역할 분업이 일본이나 독일의 고도 경제 성장을 뒷받침했으며, 틀이 있으면 사회를 원활히 운영하는 데 좋다는 점도 이해는 할 수 있다.
단, 사회가 만든 틀에 제대로 부합하지 못해 괴로워하는 사람에게는 '그 틀은 어디까지나 타인을 대략적으로 이해하기 위한 것이므로 괴롭다면 무시해도 괜찮다'라고 말해주고 싶다.
파랑이나 검정을 좋아하는 여자아이, 빨강을 좋아하는 남자아이도 많은데 성별을 이유로 자신이 정말 몸에 걸치고 싶은 색을 고를 수 없는 것은 꽤 안타까운 일이다.

어느샌가 우리 안에 설치된 가치관, 모르는 사이에 둘러진 답답한 틀은 그 외에도 많이 있다.

그리고 대다수의 사람은 그것에 과잉 적응하여 가치관을 받아들이고 틀의 범주에 있다는 사실에 안심하고 편안해한다. 또 그 가치관과 틀을 '좋은 것'이라고 믿은 채 선의로 다음 세대에 강요한다.

거듭 말하지만 '틀'은 타인을 대략적으로 이해하기 위한 타인의 것이다.

그럼에도 무시할 수 없을 정도로 위화감과 괴로움을 느끼는 사람이나, '이제 나이도 있으니까', '여자답지 않은 나에게는 가치가 없다', '남자답지 않은 나에게는 가치가 없다'라고 생각하며 자신의 가능성을 헛되이 부정하는 사람도 있다.

지금보다 더 잘 살고 싶다면 무례한 틀은 우리의 뇌에서 삭제하자.

자신을 얽매는 가치관과 틀이 무엇인지를 알아내어 지금 유용하게 작용하는지 검증한 후 필요 없다고 판단되면 삭제하는 편이 좋다.

최신 환경에 맞춰 업데이트하는 것이다.

지금까지 생각지도 못했던 풍경이 눈앞에 펼쳐지고, 그것이 자신의 이야기를 살아가기 위한 첫걸음이 될 것이다.

25 우울할 때는
중요한 의사 결정을 하지 않는다

결론 [conclusion]
일을 미루는 것은 나쁘지 않다

어느 정도 나이를 먹은 후부터 나는 항상 유의하는 일이 있다.
바로 '우울할 때에는 절대로 중요한 의사 결정을 하지 않는다'
는 것이다.

우울할 때는 자기평가가 내려가고 자기긍정감도 잃는다.
'나 따위는 뭘 해도 안 돼', '나에게는 가치가 없어', '나에게는
행복해질 권리가 없어'….
이런 생각을 하기 쉽다.

이럴 때 중요한 일을 결정하면 부정적인 선택을 하기 쉽다.

업무에 관련하여 결단을 압박받는 경우 자신감을 갖고 매진
하면 충분히 처리할 수 있는 문제여도 우울할 때는 소극적인
선택을 하거나 반대로 자포자기가 되어 무모한 선택을 하는
경향이 있다.
연애에 관련된 결단을 해야 하는 경우에는 '나 따위가'라며 뒷

걸음질 치다가 모처럼 만난 인연을 놓치는 경우도 있다.

혹은 일부러 자신에게 맞지 않는 진로를 결정하거나 누가 봐도 '행복해질 수 없는 길'로 나아간다. NO라고 말해야 하는 일에 대해 거절할 용기와 에너지가 없어 순응해버리기도 한다.

중요한 결정을 앞두었다면 우선 자신의 상태가 긍정적인지, 평온한지, 우울한지를 확인하자.

그리고 정상적인 판단을 할 수 없을 정도로 들떠 있을 때나(단, 들떠 있을 때는 자신이 들떠 있는지조차 모를 가능성도 있지만) 침울할 때는 중요한 결단을 미루고 냉정하게 다시 생각하자.

몸과 마음의 균형이 무너져 나의 클리닉을 찾은 환자 중 이런 경우가 있었다.

"지금 바로 복직하고 싶지만, 이 상태로 업무에 돌아가도 좋을지 고민이에요."

"사이가 별로 좋지 않은 부모님의 상태가 위중하니 본가로 돌아오라는 말을 들었는데, 돌아갈지 말지 고민 중이에요."

이렇게 커다란 결단을 압박받아 고민하는 환자들에게 나는 "일단 결론 내지 말고 그냥 둡시다.", "결론은 뒤로 미룹시다." 라고 이야기해준다.

상식적으로 '일을 미루는 것은 좋지 않다'고들 말한다.

하지만 실제로는 미루었다고 해서 전혀 문제 되지 않는 일이 대부분이며, 오히려 미루는 편이 좋은 경우도 있다는 것을 알아두었으면 한다.

애초에 일을 미룬다는 것은 인간에게 있어 편안하고 기분 좋은 일이다.

뭔가를 결정할 때는 그 나름대로의 기력을 필요로 한다. 몸이 좋지 않아 기력이 나지 않는데 일부러 결단을 내리는 것은 전혀 득책이 아니다.

'일을 미루는 것은 좋지 않다'라는 사회 통념 때문에 미루는 행위에 대해 불필요한 죄책감을 느끼는 사람이 많다.

하지만 몸과 마음의 컨디션이 모두 좋은 상태에서 천천히 검토해야 할 문제를 서둘러 결론 지으려 하면 폐해밖에 남지 않는다.

그런 사람들에게 "일단 결론 내지 말고 그냥 둡시다", "자신감을 갖고 뒤로 미룹시다"라고 말하면 궁지에 몰렸던 얼굴이 거짓말처럼 밝고 온화한 표정으로 바뀌며 안심한다.

중요한 일일수록 합리적인 판단과 그 판단에 필요한 정보 수 집이 요구된다. 그것을 확실히 선행한 후에 의사 결정을 하는 편이 압도적으로 후회가 적을 것이다.

중요한 내용이므로 한 번 더 이야기하겠다.
인생에는 뒤로 미뤄도 되는 일이 많다. 우울할 때는 중대한 결론을 내리지 말고, 자신감을 갖고 뒤로 미루자.

결단을 미루고
냉정하게 생각하자

26 자신을 되찾을 수 있는
휴식 방법을 알다

휴식 [relaxation]
오히려 꽤 실험적이고 과감한 공격을 시도한다

일본인은 잘 쉬지 못한다는 말이 있다.

해외 사정을 자세히 알지는 못하지만 '바캉스'라는 장기 휴가 제도가 인정되고 그것을 활용하는 국가의 사람들과 비교하면, 일본인은 압도적으로 쉬는 일이 적고 쉬는 것이 익숙하지 않은 사람도 많은 듯하다.

일을 지속하기 어려워진 사람에게 "일정 시간 쉬는 편이 좋을 것 같습니다"라며 휴직을 권하면 저항을 표시하는 일이 많다. 쉬는 것에 죄책감을 느끼거나 쉬었다가 다시 일어설 수 없을 듯한 불안감을 느끼는 사람이 적지 않은 것이다.

하지만 막상 쉬어보면 대부분의 사람은 '지금까지 나도 모르는 사이에 피해를 받아왔다'는 사실을 깨닫는다.

"그 공간(직장)을 실제로 떠나보니 내가 굉장히 무리하고 있었다는 사실을 알아차렸습니다."

"휴직 중에 잠깐 용무가 있어 직장에 갔는데, 발걸음이 무겁더라고요. 직장에서 꽤 정신적인 타격을 받았다는 사실을 이윽고 깨닫게 되었습니다."

"처음에는 휴직에 대해 죄책감을 느꼈는데 그 이상으로 해방감이 엄청났습니다. 삼사일 정도 지나니 죄책감은 다소 가벼워졌습니다."

이는 모두 실제로 휴직한 사람들에게 들은 이야기이다.

나는 휴직의 가장 큰 장점은 이렇게 인지하는 데에 있다고 생각한다.

우리는 매일 직장과 같은 환경으로부터 다양한 자극을 받는다. 하지만 '이건 나에게 맞지 않다', '나는 이것에 상처를 받았다'라는 사실을 명확히 특정할 수는 없다.

특히 그 환경에 완전히 빠져 있는 동안에는 괴로운 마음이 들더라도 문득 '이 정도는 대단한 일도 아니다'라며 자신을 속이기 일쑤다. 또 '왠지 마음이 무겁다', '저 사람의 존재가 스트레스다' 정도는 가볍게 생각할지언정 무엇이 마음을 무겁게 만들며 그 사람과 무엇이 맞지 않는지는 명확히 자각할 수 없다. 다양한 감정을 없었던 셈 치고 계속 노력하기 위해 참고 견디는 것이다.

하지만 그 장소에서 물리적인 거리를 두고 직장과 자신의 상
태를 바라봄으로써 자신이 무엇에 어느 정도로 타격을 받았
는지 아는 경우가 많다.

그리고 휴직 기간이 효과를 나타내면 대부분 사람은 두 번 다
시 '전처럼은' 열심히 노력하지 않는다.

별 탈 없이 복직한 사람들은 대부분 노력해야 할 포인트를 재
검토하는 등 방식을 새로이 강구했다. 또 "마음먹고 쉬길 정
말 잘했다", "계속 그 컨디션으로 일했다고 생각하면 아찔하
다"라는 이야기를 해주기도 했다.

쉬기로 한 후 어떻게 쉬어야 할지, 쉬는 동안 무엇을 하면 좋
을지 모르겠다는 사람이 많다. 혹은 휴직 기간을 활용해 자격
증 공부를 한다거나 해외여행을 가는 겸 영어를 공부하고 오
겠다는 등 '단지 쉬기만 하는 것은 시간이 아깝다', '이 시간에
뭔가 이득이 될 만한 것을 얻고 싶다'는 사람도 많다.
예전에 매우 점잖은 차림새의 이른바 '고스펙 엘리트'로 보이
는 40대 남성이 부인에게 이끌려 클리닉을 방문한 적이 있다.

그 역시 몸과 마음의 균형이 무너진 상태였다.

대화를 나눠본 결과 그는 선량하고 총명한 사람이었다. 그에게 "우선은 휴직하고 제대로 놀아보세요"라고 조언했지만, 그는 "한 달 안에는 다시 회사로 돌아가고 싶다", "쉬는 기간 동안 영어 공부를 하고 싶다"고 답했다.

그래서 나는 "영어 공부는 회사가 요구하는 가치만을 높이는 일이에요. 당신이 정말 하고 싶은 일이 아니잖아요. 누군가에게 칭찬받고 인정받는 것과 관계없는 곳에서 스스로 진심으로 즐거워하는 무언가를 찾아주세요. '논다'는 것은 그런 거예요."라고 말했다.

회사와 사회가 원하는 가치와 상관없이 스스로 정말 즐겁고 재미있다고 생각하는 것이란 무엇일까.

처음에는 한 번에 느낌이 오지 않는 듯했지만, 이윽고 그는 학생 시절의 취미였던 오토바이 투어링을 시작했다. 두근거림, 즐거움, 바람을 가르며 달리는 상쾌함…. 그는 "슬슬 업무에 복귀해야 하는데, 좀 아까운 마음도 들어요."라고 말했다.

그가 본래 가지고 있던 감정, 정말 하고 싶었던 일을 스스로 알아채고 긴 시간 그를 얽매고 있던 '타인의 가치관과 규칙'에 새바람이 불어 넣어진 순간이었다.

그 후 그는 한 달을 더 쉬었다. "덕분에 인생이 크게 바뀌었습니다. 이제 괜찮아진 것 같아요. 만약 일이 맞지 않다고 느껴지면 그만두겠습니다."라고 말하며 직장으로 복귀했다.

최종적으로 그는 타인의 가치관, 규칙과 자신의 감각, 감정을 분리하는 데 성공한 것이다. 굉장히 이상적인 자세의 복직이었다고 나는 생각한다.

후일담이지만 그는 복직 후 이전과 동등한 실력을 발휘하지 못했다고 한다. 하지만 확실히 마음의 여유를 느꼈으며 바로 얼마 전, 더욱 좋은 조건으로 이직이 결정되었다고 한다.

그는 "제 몸의 상태가 좋지 않다는 사실을 회사에 제대로 전달할 생각입니다. 그걸로 이직이 무효가 된다면 원래부터 인연이 아니었던 거겠죠."라며 매우 쾌활하게, 어깨의 힘을 뺀 모습으로 이야기해주었다.

중년이나 노년이 되면 직장에서의 책무도, 해야 하는 일도 늘어난다. '회사원은 적어도 ~해야 한다', '멸사봉공은 당연하다'라는 가치관을 토대로 실적을 쌓은 연령대이기 때문에 갑자기 "노세요"라는 말을 들어도 바로 납득하지 못하는 경우가 많다.

그리고 그런 가치관과 규칙으로 성과를 올린 사람이 보았을 때 "쉬세요", "노세요"라는 말은 지금까지의 자신의 노력을 부정하는 언사라 느낄지도 모른다.

'쉰다'는 것에 대해 진지하게 생각하면서 '누군가를 위해서가 아닌 나 스스로를 기쁘게 하기 위한 시간과 가치관'을 기르는 일은 정말로 중요하다.
왜냐하면 지금 유쾌한지 불쾌한지, 무엇을 정말로 즐겁다고 생각하는지와 같은 본래의 감각과 감정보다 '타인의 상황에 맞춘 가치관과 규칙'을 우선한 까닭에 그들의 몸과 마음은 무너질 정도로 혹사당하였기 때문이다.

일정한 휴식에는 자신을 속박한 가치관과 규칙을 재검토하고, 필요하지 않은 것을 버리고, 그 안에 잠들어 있는 정말로 소중히 여겨야 할 것을 발견하여 삶의 방식을 대폭으로 바꿀 수 있는 가능성이 있다.
인생의 주도권을 되찾을 커다란 기회가 될 수 있는 것이다.

많은 사람이 '쉰다'는 것을 '도망'이라 생각하지만, 결코 그렇지 않다. 오히려 꽤 실험적이면서 과감한 '공격'의 시도라고 나는 생각한다.

스스로 진심으로 즐거운 무언가를
찾아야 한다

27 　자신을 구해줄 콘텐츠를 찾는다

작품 [work]

내가 느끼는 '아픔'과 똑같은 것이 작품에는 그려져 있다

———————

나는 종종 "죽고 싶어 하는 사람은 어떻게 대해야 하나요?"라는 질문을 받는다.

이 질문에 대한 의사의 모범 답안은 "우선, 죽지 않겠다는 약속을 합니다"이다.
의학부 수업과 국가시험에서 그렇게 배워왔다.

나도 실제로 몇 번인가 시도해보았다. 하지만 솔직히 말해, 그런 약속은 그다지 도움이 되지 않는다.
그 사람이 살고 있는 세상이 얼마나 벅차고 가열찬지를 생각했을 때 '의사인 나의 체면을 보아 죽지 않겠다고 약속해주세요. 이 세상을 계속해서 살아주세요'라고 요구하는 것은 무척 잔혹하고 주제넘은 일이라고 느꼈다.

'죽지 않았으면 좋겠다'라는 것은 어디까지나 내가 제멋대로 바라는 점에 지나지 않는다. 설령 상대방과 친밀한 관계를 맺었다 하더라도 그런 가혹한 약속을 위한 담보가 '나'라는 콘텐츠뿐이라면 명백히 역부족이라 생각했다.

하지만 인간관계에서 살아갈 힘을 얻지 못하더라도 콘텐츠의 힘을 빌릴 수는 있다.

이전에 사춘기 시절부터 줄곧 죽고 싶다는 마음을 안고 있던 후배가 있었다.
그 아이와는 '다음에 만날 때까지는 죽지 않겠다는 약속'을 주고받기는 했지만, 그것은 그저 상황을 '보류'할 뿐이었다.

상황이 헛돌 뿐이라는 걸 느끼면서도 대화를 거듭해 나갔다. 그러던 중 나는 그녀가 '드래곤 퀘스트의 구작을 플레이한 적이 있다'라고 말한 것을 기억해냈다. 어느 날 내가 "곧 드래곤 퀘스트 신작이 나오니까 다음에는 그걸 같이 해보자"라고 말을 꺼내자 그녀는 "좋아요"라고 약속해주었다.
이 세상에 있는 다양한 콘텐츠의 매력을 총집합하면 '죽음'의 길로 들어선 사람도 다시 살고자 하는 마음이 조금이라도 들지 모른다는 가능성을 느낀 일이었다.

실제로 소설, 만화, 애니메이션, 게임과 같은 콘텐츠에 생명이나 마음을 구원받은 사람은 많다.

다자이 오사무의 『인간실격』 문고본을 어린 시절부터 늘 몸에 지니고 다니며 "이 소설의 세상 속에 내가 있다"라고 말하던 아이도 있었다.
본래 가장 안정적인 '장소'로서 기능해야 할 가정이라는 환경이 전혀 안정적이지 않았던 사람은 절대 적지 않다.
그런 환경에서 어떻게 사람과의 연결, 사회로의 신뢰를 실감할 수 있을까.
이 세상을 살아야 하는 의미를 발견하는 게 더없이 어려웠을 그녀에게 있어서는 『인간실격』이라는 작품만이 세상과의 연결을 실감시켜 주었으리라.

실재하는 세상에서 자신이 살아야 할 '장소'를 찾지 못해도 사람은 작품 속에서 그 장소나 이해해줄 누군가를 찾을 수 있다.
자신이 느끼는 '아픔'과 같은 것이 이 작품에는 그려져 있다.
이 이야기에 그려진 것은 '나'다.
그렇게 콘텐츠 속에서 '연결'을 느낌으로써 이제까지 어떻게든 살아남아 온 사람이 여럿 있다. 내가 콘텐츠의 거리인 아키하바라에 클리닉을 개업한 것은 그런 사람의 근처에 있고 싶다는 소망 때문이었다.

나 또한 소중한 사람을 잃고 매우 괴로웠을 때 오로지 게임에만 몰두하여 구원받은 경험이 있다. 작품 속의 말에서 살아갈 지침을 받았다.

콘텐츠는 사람을 구한다.

지금 우리는 인간관계나 경제 활동을 유지하기 위해서라도 많은 양의 정보를 주고받아야 한다. 그래서 조금만 힘들어지면 곧바로 뇌가 과열되어 과거의 상처나 성가신 인간관계, 미래에 대한 불안 등 불온하고 어두운 기분으로 머릿속을 점령당한다.

하지만 작품의 세계관에 몰두하면 그 시간만큼은 떠올리고 싶지 않은 '쓸데없는 것'에 대해 생각하지 않고 끝날 수 있다. 그렇게 '빠져드는' 감각에는 일종의 치유 효과가 있다.

그래서 나는 당신도 반드시 자기 자신을 구원해줄 콘텐츠를 찾기 바란다.

세상에는 전세계의 엔터테인먼트 천재들이 만든 매력적인 콘텐츠가 흘러넘치고 있다.

'지금은 아무런 흥미도 생기지 않는다', '일과 생활이 힘들어서 창작물을 즐길 여유 따위 없다'는 사람들 모두 우선은 하루 1

분이라도 좋으니 자신이 진정으로 즐길 수 있는 것을 찾는 데에 시간을 할애했으면 한다.

어쩌면 내일 당신은 충격적인 콘텐츠와 만나 인생이 뒤바뀔 법한 극적인 변화를 맞이할지도 모른다.
그렇게까지 극적이진 않더라도 항상 품에 넣고 싶을 정도로 애착이 생기는 무언가를 찾을 수도 있다.

어쨌든 그것은 당신이 진정으로 필요로 하는 것이다. 당신이 자신의 규칙에 근거한 자신의 이야기를 살아가는 데에 커다란 조력이 되며 지침이 되어주리라 나는 생각한다.

나를 위해 거절합니다

초판 1쇄 인쇄 2021년 1월 25일
초판 1쇄 발행 2021년 1월 29일

지은이 스즈키 유스케
옮긴이 송유선
펴낸이 정용수

사업총괄 장충상 본부장 윤석오
편집장 박유진 책임편집 정보영 편집 김민기
디자인 김지혜
영업·마케팅 장경환 정경민
제작 김동명 관리 윤지연

펴낸곳 ㈜예문아카이브
출판등록 2016년 8월 8일 제2016-000240호
주소 서울시 마포구 동교로18길 10 2층(서교동 465-4)
문의전화 02-2038-3372 주문전화 031-955-0550 팩스 031-955-0660
이메일 archive.rights@gmail.com 홈페이지 ymarchive.com
블로그 blog.naver.com/yeamoonsa3 인스타그램 yeamoon.arv

한국어판 출판권 © ㈜예문아카이브, 2021
ISBN 979-11-6386-063-1 03190